WATCHMAN NEE

Zur Ehre Gottes leben

clv
Christliche
Literatur-Verbreitung e.V.
Postfach 1803 · 4800 Bielefeld 1

1. Auflage 1985
2. Auflage 1988
© 1985 by CLV · Christliche Literatur-Verbreitung
Postfach 1803 · 4800 Bielefeld 1
Englischer Originaltitel: «Do all to the Glory of God»
Übersetzung: Ulrich Mack
Einbandgestaltung: Dieter Otten, Gummersbach
Druck und Bindung: Ebner Ulm
ISBN 3-89397-201-3

Inhalt

Vorwort 6

Ehe 9

Partnerwahl 26

Ehemann und Ehefrau 44

Elternschaft 62

Freundschaft 86

Freizeit, Erholung 100

Reden 112

Essen und Kleidung 125

Enthaltsamkeit 140

Umgang mit dem Geld 155

Vorwort

„Zur Ehre Gottes leben" war das Ziel, das das Leben Watchman Nees bestimmte. Er wurde 1903 in einem Elternhaus geboren, das zwar formell christlich war, in dem er aber in seiner Kindheit keine entschiedene Hingabe vorgelebt bekam. Als 18jähriger Schüler erlebte er eine tiefe Bekehrung zu Gott. Er beschrieb diese Wende mit folgenden Worten: „Gott verlangte von mir, daß ich von da an alle meine Fähigkeiten als einem anderen gehörig betrachtete. Ich wagte nicht, auch nur ein wenig von meinem Geld oder eine Stunde meiner Zeit oder geistige oder körperliche Kraft zu verschwenden, denn sie gehörten nicht mir, sondern ihm. Es war etwas Großes, als ich diese Entdeckung machte. An diesem Abend begann für mich das christliche Leben."

Mit großem Fleiß begann er, die Bibel zu lesen und Menschen für den Herrn zu gewinnen. In späteren Jahren äußerte er einmal beiläufig: „Ich schätze, daß ich das Neue Testament im Monat einmal durchlese." Während seines Wirkens in Shanghai in den vierziger Jahren hatte er für sich selbst die Regel: „Gewinne wenigstens einen Menschen am Tag für den Herrn." So wurde er für Tausende zum Segen.

Nach Abschluß seiner Schulbildung widmete er sich ganz dem Verkündigungsdienst und war dabei in seinen materiellen Bedürfnissen völlig von Gott abhängig. Doch neben seiner Begabung als Evangelist verstand er es auch, Christen dazu zu leiten, alle Bereiche ihres persönlichen und Gemeindelebens von Gottes Wort bestimmen zu lassen. So benutzte Gott seinen Dienst, um an vielen Orten Chinas Christen nach neutestamentlichem Vorbild als Gemeinden zusammenkommen zu lassen. Diese Christen wurden von Außenstehenden als „Kleine Herde" bezeichnet. Der Name geht zurück auf ein von Watchman Nee herausgegebenes Liederbuch mit dem Titel „Lieder für die Kleine Herde". Sie selbst lehnt es ab, durch einen besonderen Namen als eine Denomination neben anderen christlichen Gruppen ausgewiesen zu werden. Für sie war es genug, zu der einen Gemeinde des lebendigen Gottes zu gehören, zu der alle Christen zählen.

Das Leben und der Dienst Watchman Nees blieb nicht ohne Widerspruch, weder unter Ungläubigen noch unter Christen. Einerseits war er ein Mensch mit charakterlichen Schwächen und auch in seinen Lehren an manchen Punkten fragwürdig. Anderseits war seine Entschiedenheit eine Provokation, die andere ins Licht stellte. Schon die Gruppe junger Christen, mit der er während seiner

Schülerzeit zusammenarbeitete, trennte sich von ihm. Auch die große Gemeinde in Shanghai, die durch seinen Dienst sehr gesegnet wurde, zog sich zwischenzeitlich von ihm zurück, wahrscheinlich bedingt durch böse Gerüchte und Unterstellungen.

Watchman Nee schätzte die Schriften der Brüderbewegung, insbesondere die von J.N. Darby. Ab 1930 bekam er über einen Geschäftsmann Kontakt zu einer Richtung der Brüderbewegung, den sogenannten Ravenisten, aber auch diese überwarfen sich mit ihm nach anfänglicher Begeisterung, als sie merkten, daß er sich in ihr enges System nicht einfügen ließ, worunter Watchman Nee sehr gelitten hat. Neben diesen Spannungen im Verhältnis zu anderen Christen machten ihn körperliche Leiden und Phasen von Niedergeschlagenheit und Depression zu schaffen.

Wenn er schon bei Christen auf Unverständnis und Zurückweisung stieß, so fand er bei Ungläubigen erst recht keine Anerkennung. Er war ein sehr begabter Schüler. Doch opferte er eine aussichtsreiche Berufskarriere seinem Dienst für den Herrn. Eines Tages begegnete ihm ein früherer Lehrer. Watchman war schwer an Tuberkulose erkrankt und ging auf einen Stock gestützt. Der Lehrer musterte ihn von oben bis unten und nach kurzer Unterhaltung rief er: „Was muß ich hören? Wir hielten viel von Ihnen in der Schule und hofften, daß Sie Großes leisten würden. Wollen Sie sagen, daß Sie immer noch nicht weiter gekommen sind?" Watchman Nee verehrte diesen Mann. Umso mehr traf ihn seine Frage. Es stimmte: Krankheit hatte seinen Körper gebrochen, seine Pläne waren durchkreuzt. Was hatte er aufzuweisen? Nichts? Watchman war den Tränen nah. „Doch im nächsten Augenblick wußte ich", berichtet er, „was es heißt, daß der Geist der Herrlichkeit auf uns ruht. Ich konnte aufblicken und beten: Herr, ich preise dich, daß ich den besten Weg gewählt habe. Meinem Professor schien es eine vollkommene Vergeudung aller Gaben, Jesus, dem Herrn, zu dienen; aber das ist das Ziel des Evangeliums: alles für Gott."

Es ist verständlich, daß dieser treue Diener dessen, der in dieser Welt gekreuzigt wurde, den Kommunisten nach ihrer Machtergreifung im Jahre 1949 ein Dorn im Auge war. Sie erkannten seinen großen Einfluß auf die treuen Christen Chinas, und so wurde er 1952 mit dem Vorwurf von Spionagetätigkeit, konterrevolutionären Aktivitäten und eines liederlichen, zügellosen Lebens zu 15 Jahren Haft verurteilt, die später auf 20 Jahre erhöht wurde. Unter Umerziehungsversuchen, Hunger und Kälte, trotz Krankheit und Einsamkeit blieb er seinem Herrn treu und zeugte auch in der Gefangenschaft weiter von ihm. Kurz vor seinem Tode schrieb er seiner Schwägerin aus dem Gefängnis: „Ich bin voller Freude, so beunruhige dich bitte nicht. Ich hoffe, daß du gut auf euch aufpaßt und auch dein Herz von Freude erfüllt ist." Auf solche Weise folgte er seinem Herrn durch Leiden zur Herrlichkeit. Sein Leben war – wie der Titel einer Biographie von Angus Kinnear besagt – „ein Leben gegen den Strom" (Brockhaus Verlag, 1974).

Was machen die Schriften von Watchman Nee nun so wertvoll? – Nebenbei bemerkt, hat er nur ein einziges Buch selber geschrieben, nämlich das Werk „Der geistliche Christ" (in drei Bänden 1975 im Schwengeler Verlag erschienen), das er im Alter von 25 Jahren veröffentlichte. Die anderen Bücher von ihm sind Mitschriften seiner Predigten, so auch das vorliegende, das auf eine Vortragsreihe im Jahre 1948 während einer Mitarbeiterschulung zurückgeht. – Manche betrachten seine Bücher als Standardwerke der christlichen Lehre. In lehrmäßiger Hinsicht jedoch muß man an manchen Stellen seiner Ausführungen Fragezeichen machen. Seine Gabe scheint weniger die lehrmäßige Präzision zu sein, als vielmehr seine „prophetische" Auslegung der Schrift im Sinne von 1. Kor. 14,3.4: „Wer aber prophezeit, redet den Menschen zur Erbauung und Ermahnung und Tröstung . . . Wer prophezeit, erbaut die Versammlung." Ein Prophet sagt nicht nur die Zukunft voraus, sondern ist ganz allgemein jemand, der für einen anderen redet. Ein Prophet Gottes ist also ein direktes Sprachrohr Gottes in die konkrete Situation der Menschen hinein, die dadurch Trost und Erbauung empfangen, gerade dort, wo sie es zutiefst benötigen. Ihr Gewissen wird in Gottes Licht gerückt, und sie werden genau in dem Punkt getroffen und korrigiert, in dem sie abgewichen sind.

Der Name Watchman bedeutet „Wächter". Watchman hat ihn sich selbst gegeben, nachdem er Christ wurde. Er drückte damit seinen Wunsch aus, Gott als Sprachrohr dienen zu dürfen. Ein guter Wächter sieht die Gefahr schon, wenn sie für andere noch verborgen ist. Er warnt die Menschen, wenn sie sich noch in tiefer Ruhe befinden, aber beruhigt sie auch, wenn sie unberechtigter Weise verängstigt sind. Diese Eigenschaften kennzeichnen auch einen Propheten Gottes, und Watchman Nee scheint diese Gabe von Gott bekommen zu haben. Das vorliegende Buch ist ein schöner Beleg dafür.

Gerrit Alberts

Ehe

Um ein Christ zu sein, ist es wichtig, daß wir in einer Glaubenshaltung mit unseren eigentlichen Grundproblemen umgehen. Wenn es in diesen wesentlichen Bereichen — sei es die Familie oder der Beruf — zu einer bloßen «moralischen» Haltung kommt, werden früher oder später andere, zusätzliche Probleme auftauchen. Eine unbewältigte Schwierigkeit kann stark genug sein, um geistliches Wachstum und einen gottgefälligen Lebenswandel zu verhindern.

In dieser Lektion werden wir uns mit dem Problem der Ehe (Heirat) auseinandersetzen. Besonders für Junggläubige dürfte es wichtig sein, die Stellung der Heiligen Schrift in dieser Sache zu wissen. Wir wollen deshalb diesen Komplex von verschiedenen Seiten angehen und beleuchten.

Sexualität — keine Sünde

Wie Menschen sich ihres Hungers bewußt werden, so spüren und erkennen sie auch ihre Sexualität. Wenn Hunger ein natürliches, physisches Bedürfnis ist, dann ist auch die Sexualität ein natürliches Verlangen. Es ist ja ganz normal wenn jemand Hunger hat, und dies wird ihm auch nicht als Sünde angerechnet. Erst bei der unerlaubten Entwendung von Nahrung wird von Sünde gesprochen, weil diese Handlung den Rahmen des Normalen sprengt. So wird auch die Sexualität erst dann zur Sünde, wenn sie in abwegiger Weise «gebraucht» wird, und zur egoistischen Befriedigung eigener Wünsche dienen soll. Sexualität ist ein Geschenk Gottes. Die Ehe wurde von Gott geschaffen und eingesetzt. Sie wurde vor und nicht nach dem Fall des Menschen verordnet. Das alles geschah vor dem Sündenfall in 1. Mose 3. In der Tat führte sie Gott schon in 1. Mose 2 ein. Somit existierte die Ehe, bevor die Sünde in die Welt kam. Es ist wichtig, dies zu erkennen. Das Wissen um die Sexualität war da, bevor man um die Sünde wußte.

In den 30 Jahren meines Dienstes und Glaubens hatte ich mit einer nicht geringen Anzahl von jungen Menschen Kontakt. Dabei habe ich junge Leute kennengelernt, denen dieser Bereich keinerlei Not bereitete, während andere von unnötiger Selbstanklage durch ihr Gewissen beunruhigt waren. Durch unnötige Anklage der eigenen Person wurden sie geplagt, weil sie Gottes Absicht mit ihnen nicht kannten und in seinem Wort nicht «zuhause» waren. Schon bei dem Gedanken an die Sexualität glaubten sie gesündigt zu haben.

Ja, es ist in gewissen Fällen sogar soweit gekommen, daß Menschen Gottes Wirken an ihnen deshalb in Frage stellten. Sexualität als Sünde zu bezeichnen ist eine heidnische Vorstellung. Wie der Hunger, so steht auch die Sexualität zunächst außerhalb dem Bereich der Sünde. Durch seine Apostel läßt Gott uns wissen: «Die Ehe ist von allen in Ehren zu halten.» (Hebr. 13,4) Sie ist nicht nur eine Sache, die in Ehren gehalten werden soll, sondern sie ist sogar heilig. Für Gott ist die Geschlechtlichkeit zugleich normal und heilig.

Dr. F.B. Meyer schrieb viele Bücher, in denen es ihm darum ging, Christen zu unterweisen und weiterzubringen. Er war der Ansicht, daß nur eine schmutzige Phantasie Sexualität als schmutzig bezeichnen könne. Ich glaube diese Formulierung ist gut gewählt und trifft die Sache. Der Mensch überträgt seine eigene Verdorbenheit auf die Geschlechtlichkeit. Für den Reinen ist alles rein, genauso wie für den Unreinen alles den Schleier des Unreinen bekommt. Für den letzteren wird sein Denken immer verdorben sein. Die Geschlechtlichkeit in der Ehe ist aber in ihrer eigentlichen Bedeutung rein und unverdorben. Paulus zeigt uns, daß in «späteren Zeiten» Lehren von Dämonen aufgestellt werden «die verbieten zu heiraten» (1. Tim. 4,3). Diese besondere dämonische Lehre hat zunächst den Anschein der Heiligkeit.

G.H. Pember bringt es in seinen Schriften besonders zum Ausdruck, daß Menschen gerade in der Überzeugung ihrer Heiligkeit solche Verbote aufstellen können. Sie glauben dadurch einen Akt der Heiligung zu vollbringen. In dem 1. Brief an Timotheus wird jedoch klar darauf hingewiesen, daß das Heiratsverbot auf dämonische Einflüsse zurückzuführen ist. Gott selbst hat nie ein Verbot bezüglich der Heirat ausgesprochen. Darum braucht sich auch kein Gläubiger von dieser heidnischen Lehre in seinem Gewissen bestimmen und verklagen zu lassen. Wenn er sich vor Augen hält, daß die Geschlechtlichkeit von Gott geschenkt ist, kann er sich auch vergegenwärtigen, daß die Sünde nicht im «Gebrauch», sondern im «Mißbrauch» liegt.

Drei Gründe, die für die Ehe sprechen

1. Die gegenseitige Hilfe

Wie schon erwähnt — die Ehe ist von Gott eingesetzt: «Es ist nicht gut, daß der Mensch allein sei.» (1. Mose 2,18) Gott sagt, daß alles, was von ihm geschaffen ist, gut und nicht verwerflich ist. Gott sah am ersten Tag der Schöpfung das Licht und nannte es gut. Genauso bezeichnete er an jedem Tag (außer dem zweiten) sein Werk als gut. (Der zweite Tag bildet eine Ausnahme, weil an ihm der Himmel, der Aufenthaltsort Satans, geschaffen wurde.) Am sechsten Tag jedoch, als Gott den Menschen geschaffen hatte, sagte er: «Es ist nicht gut, daß der Mensch allein sei.» Diese Aussage sollte nicht andeuten, daß der Mensch etwa nicht gut geraten sei, sondern daß seine «Unvollkommenheit» in seiner Halbheit begründet lag.

So schuf Gott dem Mann eine Gehilfin und brachte sie am 6. Tag zu Adam. Sie wurde ausdrücklich dafür geschaffen, ihm als Ehefrau zur Seite zu stehen. Das Wort «Gehilfin» beinhaltet nicht nur den Aspekt des Helfens, sondern auch den des Zusammenkommens. Als Gott den Menschen erschuf, schuf er ihn als Mann und Frau. Man könnte meinen, er habe zuerst einen halben Menschen geschaffen und dann die andere Hälfte hinzugefügt um den «ganzen Menschen» zu erhalten. Erst als die beiden Hälften zusammenkamen war der Mensch «vollendet». Erst dann sagte Gott: «Und siehe es war sehr gut.» (1. Mose 1,31) Als erstes muß uns klar sein, daß die Ehe von Gott eingesetzt wurde und nicht eine Idee des Menschen selbst war. Dann ist die schon erwähnte Tatsache, daß sie vor dem Sündenfall da war, für uns von Bedeutung.

Der Mensch sündigte nicht am ersten Tag seiner Erschaffung, sondern er heiratete. An dem Tag, an dem Gott Eva erschuf, gab er sie Adam. Das alles weist darauf hin, daß die Ehe von Gott eingesetzt ist. In 1. Mose 2 ist von Gottes Schöpfung die Rede; in Johannes 2 wird von der Hochzeit zu Kana berichtet. Das letztere besagt, daß Jesus die Ehe nicht nur erlaubt, sondern auch gutgeheißen hat. Er war bei der Hochzeit gegenwärtig und trug auch zu deren gutem Gelingen bei. Gott setzte die Ehe ein und der HErr bestätigte sie. Es liegt in Gottes Absicht, daß der Mann eine Frau hat, die ihm zur Seite stehen kann. Deshalb wird die Frau auch «Gehilfin» genannt. Er möchte, daß sie in wahrer Gemeinschaft zusammenleben und einander helfen.

2. Vermeidung von Unzucht

Wie wir im AT lesen können, hat Gott die Ehe eingesetzt, noch bevor die Sünde in die Welt kam. Zur Zeit des NT hatte sich Sünde jedoch schon längst eingeschlichen. Paulus zeigt uns in 1. Korinther 7, daß trotz der Sünde die Ehe nicht nur erlaubt, sondern geradezu eine Notwendigkeit geworden ist. Um der Unzucht zu entgehen, so sagt Paulus, soll jeder Mann seine eigene Frau haben und jede Frau ihren eigenen Mann. Er sieht in der Geschlechtlichkeit an sich keine Sünde, sondern empfiehlt vielmehr die Ehe als Schutz gegen die Unzucht.

In Römer 13,14 sagt Paulus: «Pflegt das Fleisch nicht bis zur Erregung von Begierden.» Das ist eine wundervolle Sache. Ich will es verdeutlichen: Nehmen wir an, ein Mensch lebt in der Sünde des Hochmuts, so kann Paulus nicht zu ihm sagen: «Weil du eine Neigung zum Hochmut hast, ist es gut, wenn du zu Hause hochmütig bist. Solange es nicht in der Öffentlichkeit geschieht, ist es ja nicht schlimm.» Wenn Gott so reden würde, würde er den fleischlichen Begierden Vorschub leisten. Deshalb sagt man einem Menschen der stiehlt auch nicht, daß er getrost Gegenstände von einer gewissen Person stehlen könne, solange er die Allgemeinheit in Ruhe lasse. Stattdessen wird man ihm sagen: «Ich werde es nicht zulassen, daß Sie stehlen» — und das in jedem Fall. Stehlen ist schlechthin als Sünde zu bezeichnen, und deshalb kann es keine Ausnahme geben. Hochmut ist immer und ohne Ausnahme Sünde. Da aber die Sexualität nicht von vornherein Sünde ist, sollte jeder Mann seine eigene Frau haben und umgekehrt. Wäre Geschlechtlichkeit in der Ehe Sünde, würde Paulus mit seinen Worten das Fleisch pflegen und falsche Begierden wecken. Wir wissen aber, daß er das von vornherein nicht kann, weil er Sexualität ja nicht als Sünde bezeichnet.

Wir wollen festhalten, daß Gott der Sünde keine Zugeständnisse macht, indem er die Ehe einsetzt, sondern die Ehe vielmehr heilig spricht. Paulus sagt in 1. Korinther 7,4 in Bezug auf die Ehe: «Die Frau verfügt nicht selbst über ihren Leib, sondern der Mann; gleicherweise verfügt aber auch der Mann nicht selbst über seinen Leib, sondern die Frau.»

Seine Aussagen in diesem Zusammenhang sind klar und unmißverständlich. In Vers 5 heißt es weiter: «Entziehet euch einander nicht, außer nach Übereinkunft auf einige Zeit, damit der Satan euch nicht versuche um eurer Unenthaltsamkeit willen.» Um der Unzucht vorzubeugen, sollten die Eheleute also nicht getrennt sein. Auch hier sehen wir wieder, daß Gott das Zusammenleben in der Ehe bejaht. «Heiraten ist besser als in Glut geraten.» (1. Kor.7.9) Paulus verwendet hier kräftige Ausdrucksformen. Alle die ein übergroßes Verlangen nach Ehegemeinschaft haben und sich in ihrer Enthaltsamkeit verzehren würden, sollen heiraten. Er tadelt sie deswegen nicht, weil ja das Verlangen nach Ehegemeinschaft keine Sünde ist.

Das Wort Gottes macht hier die klare Aussage, daß weder die Geschlechtlichkeit noch das Verlangen nach sexueller Erfüllung Sünde ist. Auch dafür hat Gott die Ehe eingesetzt. Darum sollten sich die, die danach verlangen, nicht der Ehe enthalten, sonst fallen sie allzuleicht in Sünde.

3. Gemeinsam Gnade empfangen

Zu den Ehemännern sagt Paulus in 1. Petrus 3.7: «Erweiset ihnen (den Frauen) Ehre als solchen, die auch Miterben der Gnade des Lebens sind.» So kann man sagen, daß es Gott gefällt, wenn ihm Mann und Frau gemeinsam dienen. Er gebrauchte Aquila und Priscilla als Paar, ebenso Petrus und seine Frau. Auch Judas und seine Frau dienten dem HErrn gemeinsam.

Neulinge im Glauben sollten wissen, daß es grundsätzlich drei Gründe für eine christliche Ehe gibt.
1. um sich gegenseitig zu helfen,
2. um der Sünde keine Gelegenheit zu geben und
3. um gemeinsam Gnade von Gott zu erhalten.

Eine christliche Ehe geht nie nur einen an, sondern bringt immer beide zugleich in die Gegenwart Gottes. Nicht einer allein, sondern beide sind Miterben der Gnade Gottes.

Die Ledigen

Die Bibel ist wunderbar. Sie zeigt uns auf der einen Seite, daß die Geschlechtlichkeit nichts mit Sünde zu tun hat, und die Ehe von Gott eingesetzt ist, und sagt doch auf der anderen Seite, daß die ledig bleiben sollen, die nicht von übergroßem Verlangen verzehrt werden und an ihrem Alleinsein nicht leiden.

1. Gründe fürs Ledigbleiben

Ledigbleiben ist nicht heiliger als heiraten, aber Ledige haben den Vorteil, daß sie sich um die Sache des HErrn kümmern und sich mit ihrer ganzen Kraft einsetzen können. Paulus sagt uns, daß der Verheiratete drei Dinge zu tragen hat: Erstens, die Ehe ist eine Bindung an einen Menschen. Er sagt: «Bist du an eine Frau gebunden...» (1. Kor. 7,27) Als Verheirateter ist man mit der Erledigung vieler Dinge beschäftigt. Zweitens: Der Verheiratete muß auch leiden. «Doch werden solche leibliche Trübsale haben.» (Vers 28) Naturgemäß nimmt diese «leibliche Trübsal» nach der Heirat zu und wird einen am vollen Einsatz für den HErrn oft hindern. Drittens: Der Verheiratete ist um die Dinge der Welt besorgt(vgl. V.32-34). Solches Sorgen, wie es Jesus in Matthäus 13 beschreibt, kann leicht dazu führen, daß die Saat nicht aufgeht und keine Frucht entsteht. So hat das Verheiratetsein die Last der Bindung, des Leidens und Sorgens.

Paulus wendet sich dabei nicht nur an «vollzeitige Arbeiter», sondern an alle Brüder und Schwestern. Er als Lediger, hat ja selbst manche Trübsal erlebt. Seinen eigenen Stand des Unverheiratetseins macht er nicht zum Gesetz, aber der ermuntert dazu, es ihm gleichzutun. Im Grunde führt er nur sachliche Gründe an. Es ist ja eine Tatsache, daß die Ehe einerseits der Gefahr einer sündhaften Bewältigung der Geschlechtlichkeit vorbeugt, andererseits einem aber auch die Verantwortung einer Bindung, leibliche Beschwerden und die Sorge um den Lebensunterhalt auferlegt.

2. Wer fürs Ledigbleiben geeignet ist

Paulus gibt uns Hinweise wer ledig bleiben kann.

Von Gott gegeben

Wer diese Gabe von Gott erhalten hat, kann auch unverheiratet bleiben. Ledigsein ist eine Gabe. «Jeder hat seine eigene Gnadengabe von Gott, der eine so, der andere so.» (1. Kor. 7,7) Manche sollten heiraten, weil sie diese Gabe erhalten haben. Ohne sie sollte niemand eine Ehe eingehen. So ist das Heiraten und das Ledigbleiben eine Angelegenheit, zu der einen Gott befähigt haben muß.

Zu dem Stand des Ledigbleibens ist nun allerdings zu sagen, daß trotz dem Bewußtsein der Geschlechtlichkeit kein sexueller Drang vorhandensein darf. Es gibt Leute, die ein sehr starkes sexuelles

Verlangen haben, während andere ihre Sexualität zwar erleben, aber sie weniger stark empfinden. Das letztere allein ermöglicht ihnen, ihre Reinheit zu bewahren und kann daher ein Grund sein, die Ehe nicht zu suchen.

Herzensbeständigkeit

«Wenn aber jemand meint, daß es für seine Jungfrau unschicklich sei, über die Jahre der Reife hinauszukommen, und es dann so sein muß, der tue was er will; er sündigt nicht, sie mögen heiraten. Wenn aber einer in seinem Herzen festgeworden ist und keine Verpflichtung hat, sondern Macht, nach seinem eigenen Willen zu handeln, und in seinem eigenen Herzen beschlossen hat, seine Jungfrau zu behalten, der tut wohl.» (1. Kor. 7,36-37) Im Griechischen ist damit die Jungfrau gemeint und nicht die Tochter, wie es in einigen Übersetzungen heißt. Wenn jemand glaubt, mit seinem Ledigsein nicht richtig fertigwerden zu können, sollte er heiraten; der aber, der dazu neigt allein zu bleiben und selbständig und ausgeglichen ist, sollte es lassen.

Äußere Umstände

Vorrangig spricht nur eine kaum spürbare Sexualität fürs Ledigbleiben. Weiter ist entscheidend, daß einem das JA für diesen Stand von Gott gegeben wurde. Was nun noch anzuführen wäre, sind die äußeren Umstände — «Verpflichtungen» (V. 37). Manche haben von ihrer Umgebung her Probleme, weil das Unverheiratetsein ja nicht immer einfache Situationen schafft. Manchmal ist der Druck von der Familie da oder andere Umstände sind so erdrückend, daß sie eine Heirat einfach nahelegen. Ein Ledigbleiben ist daher nur dann möglich und erstrebenswert, wenn auch die äußeren Umstände dazu angetan sind.

Nach der Lehre der Bibel ist sowohl Ehe als auch Ehelosigkeit als heilig zu bezeichnen. Heirat ist gut, nicht zu heiraten ist besser, denn der Unverheiratete hat mehr Möglichkeiten, dem HErrn zu dienen. Diese Tatsache muß den Gläubigen ganz klar gemacht werden, damit sie in dieser Angelegenheit vor Gott auch die richtige Wahl treffen können.

Die Partnerwahl

Der HErr hat unmißverständliche und klare Bedingungen bei der Partnerwahl gegeben. Die Bibel sagt deutlich, daß die Heirat eines

Christen nur unter seinesgleichen möglich ist. Es muß also schon bei dem Gedanken an eine Eheschließung klar sein, daß es sich nur um einen gläubigen Partner handeln kann. Nur unter den Kindern Gottes sollte ein Gläubiger seine Frau suchen.

1. Die Lehre des AT

Das AT kennt genügend Hinweise, daß wir nicht außerhalb der Kinder Gottes heiraten sollen.

Die Strafe im 5. Buch Mose

«Und du sollst dich mit ihnen nicht verschwägern; du sollst deine Töchter nicht ihren Söhnen geben, noch ihre Töchter für deine Söhne nehmen; denn sie werden deine Söhne von mir abwendig machen, daß sie andern Göttern dienen; so wird dann der Zorn des HErrn über euch ergrimmen und euch bald vertilgen.» (5. Mose 7,3-4)

Dem Volk Israel war es nicht gestattet mit den Kanaanitern eine Ehe einzugehen. Leute, die noch jung im Glauben sind, müssen erkennen, daß vom AT her gesehen, der Ehepartner ein Kind Gottes sein muß. Das größte Problem, das sich bei der Heirat zwischen Gläubigen und Ungläubigen ergibt, besteht darin, daß der Ungläubige den anderen vom Glauben abbringen kann, um anderen Göttern zu dienen. Es kann sehr leicht geschehen, daß die Frau den Mann oder der Mann die Frau in Glaubensfragen kopiert. Wenn zwei verheiratet sind ist es naheliegend, die Götzen des anderen ebenfalls anzubeten.

Josuas Warnung

«Wenn ihr euch aber abwendet und dem Überrest dieser Völker anhanget, die unter euch übriggeblieben sind, und euch mit ihnen verheiratet, daß ihr euch untereinander vermischt, so wisset gewiß, daß der HErr, euer Gott, diese Völker nicht mehr vor euch vertreiben wird; sondern sie werden euch zum Fallstrick und zur Schlinge und zur Geißel an eurer Seite werden und zu Dornen in euren Augen, bis ihr vertilgt seid aus diesem guten Lande, das der HErr, euer Gott, euch gegeben hat.» (Josua 23,12-13) So warnte auch Josua vor dem Volk des Landes und vor der Vermischung mit ihnen, da diese zum «Fallstrick und zur Schlinge» werden würden. Die ausländischen Frauen und Männer würden sie solange verführen und ihnen ein «Dorn im Auge» sein, bis sie alle vernichtet wären.

Die Rückkehr Nehemias
Als Nehemia nach seinem Besuch in dem Land seiner Gefangenschaft nach Juda zurückkehrte, mußte er feststellen, daß infolge der Mischehen viele Juden ihre Sprache nicht mehr sprechen konnten. Er stritt mit ihnen und setzte durch, daß sie sich von ihren ausländischen Frauen trennten. (vgl. Neh. 13,23-27) Wenn ein gläubiger Mann eine Ungläubige heiratet, werden die Kinder früher oder später der Mutter folgen und nicht wie der Vater in der Nachfolge stehen. Mit eigenen Augen wird er mit ansehen müssen, wie die Kinder sich mehr und mehr der Welt angleichen. Das ergibt eine wahrhaft schwierige Situation.

Die Zeit Maleachis
«Juda hat treulos gehandelt und einen Greuel verübt in Israel und Jerusalem, denn Juda hat das Heiligtum des HErrn entweiht, welches er liebte, und hat die Töchter eines fremden Gottes gefreit.» (Mal. 2,11) Die Tochter eines Heiden zu heiraten kommt in den Augen Gottes einer Geringschätzung seiner Heiligkeit gleich. Darum wird sich die Partnerwahl an dem entscheiden, was der andere ist. Für Christen kann nur eine Ehe mit Gläubigen in Frage kommen.

Der Fehler Salomos
Salomo war der weiseste König und doch verfiel er dem Götzendienst, weil er ungläubige Frauen heiratete.

2. *Die Lehre des NT*
Paulus schreibt im NT ganz klar, wer bei der Partnerwahl eines Gläubigen in Frage kommt. «Eine Frau ist gebunden, solange ihr Mann lebt; wenn aber ihr Mann entschlafen ist, so ist sie frei, sich zu verheiraten, mit wem sie will; nur daß es im HErrn geschehe.» (1. Kor. 7,39)

«Ziehet nicht am gleichen Joch mit Ungläubigen!» (2. Kor. 6,14) In diesem bekannten Abschnitt sagt uns Paulus, wen wir heiraten dürfen. Obwohl diese Stelle nicht ausdrücklich von der Ehe spricht, schließt sie diese jedoch mit ein. Wenn ein Gläubiger und ein Ungläubiger gemeinsam ein Ziel verfolgen, so ist dies vergleichbar mit zwei verschiedenartigen Tieren, die unter dem gleichen Joch den Pflug ziehen sollen. Das aber verbietet Gott. Er erlaubt es dem Gläubigen nicht, mit dem Ungläubigen gemeinsame Sache zu machen. Im AT wird er dafür bestraft: «Du sollst nicht zugleich mit einem Ochsen und Esel ackern.» (5. Mose 22,10) Der Ochse ist langsam, während der Esel schneller gehen kann. Der eine möchte den einen, der andere den anderen Weg einschlagen. Der eine strebt nach der «Himmlischen Heimat», den anderen zieht es in die Welt. Der eine sucht die Segnungen Gottes, der andere ist an Irdisches gebunden. Das ist eine untragbare Situation. Eine solche Verbindung kann nicht bestehen.

Die ernsthafteste Beziehung ist die in der Ehe. Wenn man von einer Geschäftsverbindung, von einer Reisebekanntschaft und von der Beziehung in der Ehe ausgeht, so ist die letztere zweifellos die engste. Es ist deshalb auch wirklich oft schwer, die Verantwortung für die Familie gemeinsam zu tragen. Deshalb ist der ideale Ehepartner ein Bruder oder eine Schwester. Wähle deshalb nicht gedankenlos einen Ungläubigen. Wenn du es trotzdem tust, kommst du mit Sicherheit von Anfang an in große Schwierigkeiten. Es ist schon ein großer Unterschied, ob einer nach irdischen Gütern oder nach einem «Schatz im Himmel» trachtet. Aufgrund all dieser Tatsachen befiehlt uns die Bibel einen gläubigen Ehepartner zu nehmen.

Wenn wir mit einem Ungläubigen verheiratet sind

Hier taucht eine Schwierigkeit auf. Wenn ein Bruder bereits mit einer ungläubigen Frau, oder eine Schwester mit einem ungläubigen Mann verheiratet ist, kommt die Frage auf, wie sich diese in einer solchen Situation verhalten sollen. Es ist offensichtlich, daß sich diese Frage wesentlich von der vorhergehenden unterscheidet, da es sich hier um einen bereits bestehenden Zustand handelt. Wie soll sich ein Christ hier verhalten?

1. Wenn er gehen will, laß ihn gehen
In 1. Korinther 7,12-13 und 15 finden wir die oben gestellte Frage behandelt. In seiner Botschaft sagt Jesus deutlich, daß es zu Schwierigkeiten und Auseinandersetzungen innerhalb der Familie kommen wird. Wenn einer wirklich dem HErrn nachfolgt, kann es gar nicht konfliktlos abgehen. Lukas berichtet, was der HErr dazu sagt: «Denn von nun an werden fünf in einem Hause entzweit sein, drei wider zwei und zwei wider drei.» (Luk. 12,52) Diese Spaltungen werden zweifellos von den Gläubigen in einer Familie hervorgerufen. Was ist nun zu tun, wenn ein ungläubiger Ehe-

mann seine Frau auf Grund ihres Glaubens verlassen will mit den Worten: «Ich will nicht länger bei Dir bleiben, weil Du an Jesus glaubst!» Das Wort Gottes sagt hierzu: «Laß ihn gehen!» (1. Kor. 7,15) Im umgekehrten Fall ist es genauso. Wenn die ungläubige Frau ihren Mann verlassen will, soll er es ihr gestatten. Eines muß jedoch von vornherein klar sein: Die Initiative muß vom Ungläubigen ausgehen. Es darf nicht das Bestreben des Gläubigen sein, die Trennung herbeizuführen. Nicht der Gläubige, sondern der Ungläubige muß den Wunsch haben zu gehen — er ist es auch, der unzufrieden ist und keine Zukunft mehr in der Verbindung sieht.

2. Wenn er bleibt, will ihn der HErr retten

Sollte es nun der Fall sein, daß der Ungläubige gerne mit seinem gläubigen Partner zusammenlebt, so soll sich dieser nicht von ihm trennen, sagt Paulus. Gott hat uns zum Frieden berufen. Der Ungläubige ist durch den Gläubigen geheiligt. Es kann sein, daß der Ungläubige gerettet wird. Deshalb darf die Trennung auch nur auf den Ungläubigen zurückgehen. Wenn der Ungläubige diese Trennung nicht anstrebt, vertrauen wir dem HErrn, daß er ihn errettet. Es ist ja in der Tat sehr naheliegend, daß der HErr solche dann vollends zu sich zieht. In Anbetracht dieser Situation wollen wir deshalb hoffnungsvoll im Glauben daran festhalten.

Mit einem Ungläubigen verlobt

Welches Verhalten ist angebracht, wenn nun ein Gläubiger bereits mit einem Ungläubigen verlobt ist?

1. Der Ungläubige kann die Verlobung auflösen

Wir haben bereits festgestellt, daß es dem Willen des HErrn klar widerspricht, wenn wir mit Ungläubigen eine Ehe eingehen. Wenn jemand aber bereits verlobt ist, müssen wir von neuen Voraussetzungen ausgehen. Wenn dedr ungläubige Verlobte von sich aus die Verlobung auflöst, ist es in jedem Fall das Beste, da die beiden ja noch nicht gänzlich verheiratet sind. Sollte dies jedoch nicht der Fall sein, ergeben sich einige Schwierigkeiten.

2. Der Gläubige sollte nicht leichtfertig sein Versprechen zurücknehmen

Es ist nicht immer so, daß der ungläubige Teil von sich aus und freiwillig die Trennung vorzieht, auch wenn er durchaus begriffen hat, daß der oder die mit ihm Verlobte nunmehr den HErrn angenommen und gläubig geworden ist. Es ist hier erforderlich, sich neu bewußt zu machen, daß dem anderen bei der Verlobung ein Versprechen gegeben wurde, das vor Gottes Angesicht geschah. Ein Christ sollte kein Versprechen, das vor Gott heilig ist, leichtfertig rückgängig machen. Sowohl der eine als auch der andere kann den Vorschlag für die Aufhebung der Verlobung machen und es muß nicht, wie im vorigen Fall bei der Ehe, der ungläubige Partner sein, der die Trennung anregt. Da sie sich noch in der Verlobungszeit befinden darf auch der Gläubige den Vorschlag machen. Besteht jedoch der Ungläubige auf der Einhaltung des Versprechens, so ist der andere dazu verpflichtet, es zu erfüllen. Wenn ein Christ «sein Wort» gegeben hat, muß er es auch einhalten. Weil Gott sein Wort hält, haben wir Rettung. Täte er es nicht, wären wir verloren. Deshalb können wir zwar darüber reden und die Angelegenheit besprechen, aber wir können nicht von uns aus eine Verlobung lösen, solange der Ungläubige daran festhält.

«Herr, wer wird wohnen in deiner Hütte? ... der, auch wenn er sich selbst zum Schaden geschworen hat, es dennoch hält.» (Ps. 15,1 + 4) Dies kann sehr gut an der Geschichte mit den Gibeonitern (Josua 9) veranschaulicht werden. Diese hegten einen raffinierten Plan aus, um das Volk Israel mit hartem und schimmligen Broten, geflickten Schuhen und altgewordenen Kleidern überlisten zu können. Sie sagten, daß sie von weit her gekommen seien und bewegten Josua dazu, mit ihnen Frieden zu halten. Erst später wurde offenbar, daß sie in Wahrheit Nachbarn waren. Da der Bund aber bereits geschlossen war, ließ es Gott nicht zu, daß Israel sie vernichtete. Stattdessen wurden sie als Holzhauer und Wasserschöpfer der Gemeinde eingesetzt.

Diese Begebenheit zeigt deutlich, wie ernst es der Bibel im Einhalten von Bündnissen und Versprechen ist. Erst wenn der «Bündnispartner» den Bund von sich aus löst, habe ich die Freiheit, ihn meinerseits ebenfalls zu annullieren. Wenn er aber darauf besteht, habe ich keine andere Wahl als mich daran zu halten. Dieser Bund mit den Gibeonitern hatte schwerwiegende Folgen. In seinem Eifer erschlug Saul die Gibeoniter (vgl. 2. Sam. 21). Das wiederum hatte zur Folge, daß es nicht mehr regnete und eine dreijährige Hungersnot im Land war. David suchte die Versöhnung und fragte die Gibeoniter, was er für sie tun könne. Daraufhin verlangten sie, daß sieben Söhne Sauls erhängt würden, und David mußte dieser Forderung nachkommen. Gott erlaubt es uns nicht, daß wir leichtfertig einen Vertrag lösen oder ein Bündnis brechen. Wir müssen es daher lernen, das auch zu halten, was wir versprochen haben. Folglich ist es auch bei Heiratsangelegenheiten so, daß der Gläubige den Ungläubigen nicht zwingen sollte, wenn dieser gegen eine Trennung ist. In diesem Fall muß das Versprechen durch die Eheschließung eingelöst werden.

3. Vor der Heirat sollte der Gläubige gewisse Dinge mit dem Partner besprechen
Das ist es, was der Gläubige auf jeden Fall tun kann. Er kann und soll vor allem die Einwilligung des andern holen, dem HErrn ungehindert dienen zu dürfen. In dieser Beziehung sollte es keine Täuschung und kein Versteckspiel geben. Hier muß «die Katze aus dem Sack». Er muß als Christ ungehindert und ohne Einmischung des anderen seinen Weg der Nachfolge gehen können. Dann ist es außerdem noch wichtig, daß die Kinder, die aus der Ehe hervorgehen, eine christliche Erziehung im Sinne Jesu genießen können. Auch wenn der Ehepartner ungläubig ist, so müssen doch die Kinder in der Zucht und Ermahnung des HErrn erzogen werden. Diese zwei Punkte müssen vor der Heirat klar abgesprochen sein, sonst wird es später zu großen Schwierigkeiten kommen. Für einen Gläubigen bedeutet die Ehe mit einem Ungläubigen zweifellos eine Einschränkung, um nicht zu sagen einen Verlust. Deshalb muß er darauf bedacht sein, den Verlust möglichst klein zu halten und die Schwierigkeiten zu verringern. Wir müssen uns deshalb die Freiheit ausbedingen, dem HErrn dienen und auch die Kinder dem HErrn zuführen zu dürfen. Wir sind Christen und von daher werden wir es nicht wie die Welt halten, sondern dem HErrn nachfolgen. Wenn der Verlobte die Bedingungen des Gläubigen achtet und auf sie eingeht, ist es gut. Wenn nicht, muß der Gläubige es ihm gestatten die Verlobung aufzulösen.

Scheidung

Die Bibel ist sehr genau, wenn es um Scheidung geht. Sie erlaubt sie nur in einem besonderen Fall, während die Länder auf der ganzen Erde verschiedenerlei Gründe für eine Scheidung akzeptieren. Die Bibel kennt nur einen Grund: Ehebruch. Seelische Zerrüttung oder Trennung anerkennt die Bibel nicht als Grundlage für eine Scheidung. Sowohl in Matthäus 19 als auch in Lukas 16 betont Jesus ausdrücklich, daß Scheidung nur bei Ehebruch erlaubt ist.

1. Die Ehe soll nicht geschieden werden

Wir fragen vielleicht, warum die Scheidung gerade beim Ehebruch erlaubt ist. Matth. 19,6 sagt uns, daß das, was Gott zusammengefügt, der Mensch nicht scheiden soll. Anders ausgedrückt ist es also so, daß in den Augen Gottes die Eheleute eins sind. Scheidung aber bringt zum Ausdruck, daß dieses «Einssein» zerstört wurde. Ehebruch zerstört diesen Zustand, weil der, der ihn begeht, die Einheit der Ehepartner auseinanderreißt.

2. Scheidung ist erlaubt bei Ehebruch

Wir haben eben festgestellt, daß Ehebruch deshalb eine Scheidung bewirken kann, weil das «Einssein» von Mann und Frau durch einen anderen zerstört wurde. Somit ist der Gatte (Gattin) wieder frei. Der ursprüngliche Zustand des Einsseins muß erhalten bleiben; ist er aber zerstört, ist der Ehepartner nicht mehr an den anderen gebunden. Somit bleibt Ehebruch der einzige Grund, der zu einer Scheidung führen kann. Die Gemeinde sollte nicht dagegen arbeiten, wenn eine Frau ihren Mann verlassen will, weil dieser Ehebruch begangen hat. Gleicherweise soll der Mann die Freiheit haben, sich von der Frau zu scheiden, wenn diese die Ehe gebrochen hat. Scheidung ist im Grunde nur eine Erklärung, die man abgibt. Man erklärt, daß die Einheit zerstört ist. Deshalb kann der betrogene Partner sich auch lösen.

Was ist aber die Scheidung im eigentlichen Sinne und wann geschieht sie? Wenn wir davon ausgehen, daß sie das «Auseinanderbrechen der Einheit» ist, dann wird die eigentliche Scheidung am Tag des Ehebruchs und nicht am Tag der offiziellen Scheidung vollzogen. So ist die offizielle Scheidung eigentlich nur noch die äußerliche Erklärung für das, was sich im Stillen vollzogen hat. Wie die Heirat den Anfang einer Einheit proklamiert, so verkündet die Scheidung das Ende dieses Zustandes des «Einsseins». Scheidungen, die aufgrund anderer Motive vollzogen werden, müssen in einem völlig anderen Lichte gesehen werden. Ist aber nicht der Ehebruch der Grund der Scheidung, so ist er doch meist die direkte Folge davon. Zusammenfassend können wir nun sagen: Ehe bedeutet «einssein». Zwei Menschen sind nicht mehr länger zwei, sondern werden «ein Fleisch». Ehebruch zerstört diese Einheit und die Scheidung macht den Bruch offenbar. Was aber Gott zusammengefügt hat, soll der Mensch nicht scheiden. (Eine Ehegemeinschaft gedeiht nur auf dem Boden der gegenseitigen Vergebung in der Liebe zu Christus. Eine Scheidung ist der letzte notvolle Schritt, wenn der schuldige Partner keine echte Buße tut. Eine zerbrochene Ehe kann wieder in Ordnung kommen, wenn die Sünde ans Kreuz gebraucht und die Vergebung durch das Blut Jesu in Anspruch genommen wird. Somit soll nicht die Scheidung als einziger Ausweg gesehen werden, sondern vielmehr Umkehr und Vergebung. Anm. d. Verlegers)

Die Witwen

Die Bibel gestattet es den Witwen bzw. Witwern wieder zu heiraten. Die Ehe findet ihren Abschluß beim Tod eines der Eheleute. Bei der Auferstehung existiert das Band der Ehe nicht mehr, denn am Auferstehungstag wird niemand mehr freien noch sich freien lassen. Die Ehe gehört also in die Existenz des Menschen in dieser Welt. Engel freien nicht und so wird auch der Mensch bei der Auferstehung ehelos bleiben. Die Ehe gehört in dieses Zeitalter — nicht in das Zukünftige. So endet die Ehe mit dem Tod. Wenn also einer der Lebensgefährten stirbt, kann der Verbleibende wieder eine Ehe eingehen oder aber auch aufgrund der Liebe zum ersten Ehepartner alleine bleiben. In diesem Zusammenhang wollen wir Römer 7 näher betrachten. Hier können wir sehen, daß jeder Christ in einem gewissen Sinne eine «wiederverheiratete» Person ist. Durch den Tod und die Auferstehung Jesu haben wir uns wieder «vereint». So zeigt uns das Wort Gottes, daß «die verheiratete Frau durchs Gesetz an ihren Mann gebunden ist, solange er lebt. Wenn aber der Mann stirbt, so ist sie von dem Gesetz des Mannes befreit. So wird sie nun zu Lebzeiten des Mannes eine Ehebrecherin genannt, wenn sie einem anderen Manne zu eigen wird.» Römer 7 zeigt uns also, daß wir nicht Christus gehören könnten, wenn wir nicht vom Gesetz befreit wären, denn es würde eine Art «Ehebruch» sein, weil wir ja mit dem Gesetz «verheiratet» wären. Durch Christus aber sind wir dem Gesetz gestorben.

Wir können Christus angehören ohne dabei «ehebrecherisch» zu sein. Wir sind jetzt mit Christus vereint und dem Gesetz gestorben. Es sollte in der Kirche deshalb auch keine Verordnungen geben, die es Witwen verbieten, wieder zu heiraten. Eine solche Verordnung wäre vom Grundgedanken her heidnisch. Es ist aber auch durchaus löblich, wenn eine Witwe (Witwer) so bleibt wie sie (er) ist und nach den gleichen Grundsätzen wie die Ledigen lebt. «Ich sage aber den Ledigen und den Witwen: Es ist gut für sie, wenn sie bleiben wie ich.» (1. Kor. 7,8) Es ist uneingeschränkt gut, wenn einer ledig bleibt, um dem HErrn ganz zu dienen. Es ist aber auch uneingeschränkt falsch, wenn einer nicht wieder heiratet, nur weil andere ihn kritisieren und die allgemeine Meinung es von ihm fordert. «So will ich nun, daß jüngere Witwen heiraten,» sagt Paulus in 1. Tim. 5,14 zu Timotheus. Junge Witwen sollten genauso wie junge Witwer wieder heiraten, wobei es natürlich entscheidend ist, ob sie seelisch wie körperlich ein Bedürfnis danach verspüren. Manche ertragen die Einsamkeit nicht. Andere haben Familiennöte. Die Wiederverheiratung von Eheleuten, die ihren Ehepartner verloren haben, ist in all diesen Fällen gut zu heißen und sollte von anderen Christen nicht kritisiert werden.

Was ist Sünde?

1. Was die Bibel als Sünde bezeichnet

Sexualität außerhalb der Ehe ist von vornherein Sünde. Gott heißt in seinem Wort sowohl die Sexualität gut, als auch das Darandenken. Auch das geschlechtliche Beisammensein ist nach dem Willen Gottes. Ja, Sexualität ist nicht nur gottgewollt, sondern auch geheiligt. Voraussetzung dafür ist, daß sie innerhalb der Ehe erlebt wird. Junggläubigen muß immer klar gemacht werden, daß weder die Gedanken an Sexualität noch das sexuelle Verlangen etwas mit Sünde zu tun haben. Wir sprechen hier von einer heiligen Sache. Gott hat den Liebesakt jedoch klar auf die Ehe, diese Einheit zwischen Mann und Frau, beschränkt. Außerhalb dieses Bereiches der Ehe wird jede geschlechtliche Betätigung automatisch zur Sünde. Kannst Du diesen Zusammenhang erkennen? Es ist ja so, daß Sexualität, die nicht in der Ehe geschieht, die Einheit einer anderen Ehe zerstört. Nicht die Sexualität an sich ist Sünde, sondern die Folgen, die durch einen Mißbrauch entstehen. Diese Unterscheidung muß uns klar werden.

2. Der Gedanke gebiert die Sünde

Jesus sagt in Matthäus 5,28: «Wer ein Weib ansieht, ihrer zu begehren, der hat in seinem Herzen schon Ehebruch mit ihr begangen.» Das Wort «ansehen» schließt hier den Willen mit ein. Es ist damit nicht das bloße Erblicken einer Frau gemeint, sondern das bewußte, begehrliche Anschauen. Die Wahrnehmung an sich ist passiv, während das begehrliche Anschauen eine aktive Handlung ist. Es geht nicht um die Regung von Lust und Begierde angesichts einer Frau, sondern um das begehrliche Anschauen. Die Lust kommt vor dem Begehren. Das begehrliche Ansehen ist sozusagen bereits der zweite Blick. Der zweite Blick aber ist im Grunde schon der «dritte Schritt». Zuerst nimmt ein Mann eine Frau wahr, dann kommt die Begierde in seinem Herzen auf, und dann schaut er sie mit lustvollen Augen an. Jeder Mann nimmt die Frauen um sich herum wahr. Einige haben jedoch so wenig Gewalt über sich selbst, daß sie sich diesen lustvollen Gedanken hingeben und auf diese bösen Gedanken, die ihnen der Teufel eingibt, eingehen. So drehen sie sich nochmals um und schauen ein zweites Mal hin. Das ist Sünde. Matthäus 5 meint folglich, daß der Mann, der sich mit lustvollen Blick einer Frau nochmals zuwendet, schon den Ehebruch mit ihr in seinem Herzen begangen hat. Hier ist nicht der erste Blick gemeint. Wenn ein Mann eine Frau beiläufig auf der Straße sieht und die lustvollen Gedanken, die ihm Satan eingeben will, zurückweist, hat er noch nicht gesündigt. Auch hier ist die Sexualität an sich nicht sündhaft. Nur das bewußte aktive Sichhingeben an den eigenen, von der Lust bestimmten Willen, ist Sünde, denn damit ist der Wille zu einer außerehelichen sexuellen Erfahrung bereit. Wer sich von seiner Begierde bestimmen läßt, hat in seinem Willen bereits Ehebruch begangen. Hier ist der Gedanke gleich der tatsächlichen Handlung Sünde.

Partnerwahl

«Und Gott der HErr sprach: Es ist nicht gut, daß der Mensch allein sei; ich will ihm eine Gehilfin machen, die ihm entspricht.» (1. Mose 2,18)

Einleitende Gedanken

Als Gott den Menschen erschuf, erschuf er ihn als zwei Hälften. Mit Ausnahme von denen, die zum Alleinbleiben bestimmt sind und die Gabe von Gott dafür empfangen haben, sollten alle heiraten. Die meisten Bibelausleger und Lehrer glauben, daß ein Gotteskind bei der Suche nach einem Lebensgefährten im Grunde die andere Hälfte sucht. Einen Lebensgefährten zu wählen bedeutet deshalb, die andere, von Gott geschaffene Hälfte zu finden, so daß aus den zwei Hälften ein Ganzes werden kann. Christen, die schon länger im Glauben stehen, sollten den Jüngeren Anweisungen geben, dieses Gegenüber zu suchen. Die eine Hälfte ist ohne die andere fruchtlos. Deshalb sollte die andere Hälfte dazukommen, um aus dem Zustand der Halbheit herauszukommen und den der Ganzheit zu erreichen.

Es ist jedoch nicht ratsam, zwei Menschen nach Gutdünken zusammenzubringen, denn die daraus resultierenden Schwierigkeiten wären groß. Wir gehen davon aus, daß das von Gott Zusammengefügte von Menschen nicht geschieden werden soll. So muß jeder den finden, der von Gott für ihn bestimmt wurde. Es ist eine Tatsache, daß eine Heirat ein Gemeindeleben sehr beeinflussen kann. Treten Schwierigkeiten in der späteren Ehe auf, dann werden diese bald auf die Gemeinde übertragen. Deshalb ist es auch wichtig, daß junge Leute in dieser Angelegenheit die richtige Anleitung bekommen.

Wir hoffen, daß bei der Wahl des Lebensgefährten junge Gläubige offen und unvoreingenommen zu Gott kommen. Es ist wichtig hier ganz objektiv zu sein und sich nicht von subjektiven Empfindungen leiten zu lassen. Zuviel Subjektivität kann leicht dazu führen, daß man «blind» wird und den wahren Tatbestand nicht mehr, oder in einem falschen Licht sieht. Es muß deshalb darauf geachtet werden, nüchtern und sachlich zu bleiben und alles sorgfältig im Gebet zu bewegen.

Laß dich also nicht von spontanen Ideen oder übersteigerten Gefühlen leiten, denn ist ein Christ einmal verheiratet, kann er es nicht mehr rückgängig machen. Wir Christen können gerade in dieser Angelegenheit nicht wie die Ungläubigen verfahren, die ohne viel Aufhebens heiraten und sich auch wieder scheiden lassen. Für uns ist es eine endgültige Sache, die reichlicher Überlegung bedarf. Nun möchte ich noch einige grundlegende Punkte erwähnen, die sich im Zusammenhang der Partnerwahl ergeben. Ich will dabei zunächst die äußeren Voraussetzungen erwähnen und dann zu den inneren Beweggründen weitergehen. Ich hoffe, daß junge Geschwister diese Punkte Schritt für Schritt in einer fragenden Haltung vor Gott durchgehen.

Äußere Erscheinung

Die Heirat zwischen Jakob und Rahel kam einfacher zustande, als die zwischen ihm und Lea, nämlich aufgrund der äußeren Erscheinung Rahels. Wir sollten die natürliche Anziehungskraft keineswegs als etwas Unwichtiges abtun. Bei der Wahl des Lebensgefährten ist nicht jeder gerade gut genug. Anders ist es bei der sonst üblichen Gemeinschaft zwischen jungen Gläubigen verschiedenen Geschlechts. Hier sollte die äußere Erscheinung und Anziehungskraft nicht von Bedeutung sein. Im Ehestand jedoch sind verschiedene Faktoren von Wichtigkeit und einer davon ist zweifellos die Anziehungskraft und das «Gefallenfinden» am Äußeren des anderen. Dr. Bevan von der Christlichen und Missionarischen Allianz, ein vielgebrauchter Diener des HErrn, sagte einmal, daß die Frage der äußeren Anziehungskraft erst bei jungen Gläubigen, die an eine Ehe denken, Bedeutung gewinnt. Während sie ohne Bedeutung ist, wenn uns der HErr in die Gemeinschaft junger Leute hineinstellt.

Hier sollten vor allem auch wieder Neulinge im Glauben besonders darauf achten, daß sie die äußere Erscheinung als Bestandteil der Ehe erkennen und nicht von vornherein als Nebensache ansehen. Aber eigentlich müßte dies hier gar nicht extra aufgeführt werden, denn sie wissen es im Grunde von alleine! Man muß das Zusammensein mit dem anderen lieben und sich an seiner Gegenwart erfreuen, wenn man mit ihm die Ehe eingehen will. Es wäre schlimm, wenn man seine Anwesenheit gerade nur so ertragen und seine Nähe nicht als beglückend empfinden würde. In diesem Fall würde eine Grundbedingung fehlen und eine Heirat nicht in Frage kommen. Es ist auch noch darauf zu achten, daß das Gefallen am anderen und die Beglückung seiner Gegenwart nicht nur eine zeitweilige Erscheinung ist, sondern von solcher Dauer ist, daß man auch noch nach 30 oder 40 Jahren in Liebe zusammenleben kann.

Gesundheit

1. Liebe kann überwinden

Es ist möglich, daß große, aufopfernde Liebe körperliche Gebrechen des anderen «ertragen» und tragen kann. In der Tat kommt es immer wieder vor, daß jemand so viel Liebe hat, daß er gerne die physischen Schwächen des anderen auf sich nehmen will. In England lebte ein gläubiger Mann, der eine Frau heiratete, weil diese blind war. In der Kirchengeschichte gibt es manche Beispiele von ähnlichen Verhaltensweisen, wo die übergroße Liebe eines Menschen die körperliche Schwäche des anderen «überwinden» konnte.

2. Der Normalfall

Wir müssen jedoch davon ausgehen, daß solch aufopfernde Liebe nicht in jedem Menschen vorhanden ist. Im Normalfall kann der kränkelnde und schwache Körper eines der Eheleute die Ehe durchaus gefährden. Kommt es vor, daß einer durch Krankheit öfters geschwächt ist, so ist der andere zu großer Aufopferung gezwungen. Dies kann verständlicherweise das Glück einer Ehe einschränken. Der Teil, der das körperliche Gebrechen besitzt und auf Hilfe angewiesen ist, kann leicht auch zum Egoismus und zur Überempfindlichkeit neigen. Jemand, der aber nur auf sich bezogen lebt, wird nehmen ohne zu geben und Besitz ergreifen, ohne loszulassen. Außer der Egozentrik kann der «schwache Teil» die Hilfe des anderen als selbstverständlich ansehen. So kann im Laufe der Zeit der Punkt erreicht sein, wo die Liebe dem Überdruß weicht und es bis zur Verachtung kommen kann. Es kann aber auch sein, daß nicht der Egoismus zum Problem wird, sondern die Empfindlichkeit des kränkelnden Ehepartners. Hält sich dieser nämlich ständig vor Augen, daß er von der Barmherzigkeit und Aufopferung des anderen lebt und ihm möglicherweise doch «zur Last» wird, kann dies genauso zu Spannungen führen und das Zusammenleben erschweren.

Wie sieht es nun aber bei dem «gesunden Teil» aus? Entweder wird der Gesunde entschieden und bewußt die Last auf sich nehmen, oder es wird ihm zuviel sein. Wenn das «Fleisch» schwach ist, kann die Geduld eines Menschen durch ständiges Geben schnell erschöpft sein. Menschliche Geduld hat ihre Grenzen. Ist sie zu Ende, dann beginnt der Familienstreit. Manchmal ist es jedoch nicht das Unvermögen weiterhin Geduld aufzubringen, sondern ganz einfach die Verweigerung Opfer für den anderen zu bringen. Aufgrund dieser Tatsachen müssen wir sehen, daß körperliches Gebrechen zunächst kein zu großes Problem darstellt — in einer Familiensituation jedoch, zu erheblichen Schwierigkeiten führen kann. Es kann bei der Heirat noch nicht als Problem erscheinen und sich erst später in der Ehe als schwere Bürde entpuppen.

Ich kenne zum Beispiel einen Ehemann, der ernsthaft krank ist. Seine Frau muß tagsüber arbeiten gehen, um die Familie versorgen zu können. Nachts erledigt sie ihre Hausarbeit. Ein solcher Zustand ist natürlich nur für kurze Zeit tragbar und kann nicht als Dauerzustand angesehen werden. Ich glaube deshalb, daß zu einer glücklichen Ehe beide Eheleute einigermaßen gesund sein sollten. Keiner von beiden sollte ernsthaft krank sein, sonst kann in besonderen Prüfungszeiten die Last zu schwer werden.

Vererbung

Die Frage der Heirat muß von der nötigen Distanz aus gesehen werden, und dies wiederum darf nur nüchtern und ohne übertriebene Emotion geschehen. Deshalb muß auch der Vererbung Rechnung getragen werden. So sollte neben der Gesundheit des «Auserwählten» auch die Frage der Vorfahren in Betracht gezogen werden.

1. Die Folgen für die nächste Generation
Erblichkeit ist nicht nur ein Gegenstand wissenschaftlicher Forschung, sondern wird auch in der Bibel erwähnt. Gottes Gebot

lautet: «Ich, der HErr, dein Gott, bin ein eifriger Gott, der da heimsucht der Väter Missetat an den Kindern bis in das dritte und vierte Glied derer, die mich hassen, und tue Barmherzigkeit an vielen Tausenden, die mich lieben und meine Gebote halten.» (2. Mose 20,5-6) Viele führen ein ausschweifendes und gesetzloses Leben, weil ihre Eltern oder Großeltern «den Wind säten», der später zum «Sturm» wurde. (Hos. 8,7a) Wer «den Wind sät», lebt mutwillig und übermütig. Einer solchen Person kann vergeben werden; sie kann gerettet sein und ein neues Leben empfangen haben und trotzdem kann sie für die Ehe untauglich sein.

Der HErr vergibt zwar die Sünde und erwirkt seine Errettung, aber die Folgen der Sünde werden die Kinder doch zu tragen haben. Die teuflische Saat kann auf die nächste Generation übertragen werden und als Folge noch zu spüren sein, aber zu einer Neugeburt kann es nicht kommen. Es ist möglich, den Samen der Sünde ganz neu auszustreuen, aber es ist durchaus unmöglich, die Wiedergeburt fortzupflanzen. Oft wird zum Leidwesen und Kummer der Eltern die nächste Generation noch sündvoller und gesetzloser. Manchmal fragen sich die Leute, warum eine so geistliche Person ein so schreckliches Kind haben kann. Warum kann es vorkommen, daß eine gute, gläubige Mutter eine ungezogene Tochter hat? Es kann daran liegen, daß die Veranlagung dazu an die zweite und dritte Generation vererbt wurde. Was in den Wind gesät wurde, wird vom Wirbelwind zerstreut. Was einer sät, wird er auch ernten. Ein solches Säen und Ernten kann in der eigenen Familie dazu führen, daß ein schwieriges Kind heranwächst. Es kann auch Anlaß dafür sein, daß die Gemeinde in ihm einen Sünder hat, der nur schwer bereuen kann. Das ergibt ein ziemliches Problem.

2. Die Barmherzigkeit Gottes

All die, die mit ihrer Erbanlage Probleme haben und bereits verheiratet sind, sollten Gottes Gnade suchen. Sie sollten darum flehen, von Gottes allmächtiger Hand davon befreit zu werden, denn auch die Folgen, die sich aus der Erblichkeit ergeben, stehen unter seiner Gewalt. Sein Wille ist auch hier gegenwärtig. Wir können ihn bitten, das Böse von uns abzuwenden.

Familienverhältnisse

Es gibt im Westen ein Sprichwort, das heißt: «Ich heirate sie und nicht ihre Familie.» Das stimmt in dieser absoluten Weise sicher nicht, denn man löst sich gewöhnlich nie ganz von der Familie.

1. Der Einfluß der Familie

Mehr oder weniger wird jeder Mensch durch seine eigene Familie oder durch die des anderen beeinflußt. Sobald man ans Heiraten denkt, sollte man deshalb auch das Denken und Leben der Familie des anderen aufmerksam studieren. Haben sie eine edle Lebenseinstellung und erstrebenswerte Ideale? Wie streng ist ihr Maßstab und wie groß ihre Toleranz? Wie ist ihre Einstellung dem anderen Geschlecht gegenüber? Wenn sich jemand solche und ähnliche Fragen stellt, wird er bald herausfinden können, was ihn in Zukunft erwartet. Wenn ein junger Mann oder eine junge Frau 20 oder mehr Jahre eine bestimmte Erziehung genossen hat, wird er (sie) diese unbewußt in die neue Familie mitnehmen. Das wird sogar auch dann der Fall sein, wenn es zu Spannungen und Auflehnung der eigenen Familie gegenüber gekommen ist. Früher oder später wird die eigene Erziehung wieder zum Vorschein kommen. Ich möchte nicht behaupten, daß dies in 10 Fällen auch 10 mal so geschieht, aber ich glaube doch, daß man in 70-80% der Fälle davon ausgehen kann. Auch wenn die Art der eigenen Erziehung nicht sogleich in Erscheinung tritt, so kann sie doch nach und nach in die neue Ehe einfließen. Um den Erfolg ihrer Ehe einigermaßen zu gewährleisten, sollten junge Menschen die eben erwähnten Dinge zur Kenntnis nehmen und sie sorgfältig in ihrem Herzen bewegen.

Wenn beispielsweise ein Vater seine Kinder mit außergewöhnlicher Strenge erzogen hat, kann schwerlich davon ausgegangen werden, daß der Sohn oder die Tochter aus dieser Familie besonders herzlich ist. Werden im umgekehrten Fall Kinder in einer Atmosphäre voller Güte und Liebe erzogen, wird zu beobachten sein, daß sie herzlich und umgänglich sind. Erfährt ein Kind jahrelang von beiden Elternteilen nur Strenge und wenig Zuwendung, wird es sehr verschlossen sein, weil es immer alles für sich behalten hat. Einen zurückhaltenden Ehemann aus einer solchen Familie zu wählen, ist durchaus in Ordnung — nur sollte dann nicht eine übermäßig herzliche und offene Art erwartet werden. Dasselbe gilt natürlich auch bei der Wahl der Ehefrau. In rund 80 von 100 Fällen wirkt sich die Familiensituation auf die 2. Generation aus.

2. Die Mutter

«Schau dir die Mutter an, wenn du die Tochter heiraten willst.»

Dieser Ausspruch birgt sicher eine Wahrheit in sich. Wenn man das Verhalten der Mutter dem Vater gegenüber beobachtet, weiß man als Mann auch ungefähr, wie einen die Tochter behandeln wird. Sie hat es nämlich lange genug der eigenen Mutter abgeschaut und wird den Umgang in den 20 Jahren oder mehr übernommen haben. Es wird für einen jungen Mann oder eine junge Frau hier immer schwer sein, von dem loszukommen, was sie an Verhaltensweisen im Elternhaus mitbekommen haben.

So kann beispielsweise jemand, der von Natur aus sehr dickköpfig ist, in einer Konversation zunächst durchaus mild und nachgiebig reagieren. Kommt er aber aus einer Familie mit willensstarken und mit Durchsetzungsvermögen begabten Personen, wird seine Dickköpfigkeit früher oder später an den Tag kommen. Wurde er in einer Familie groß, in der man mit Selbstbeherrschung und ohne laute Auseinandersetzungen zusammen lebte, wird er auch in seinen eigenen Worten und Taten nachsichtig und sorgsam sein.

Es wird ihm zuwiderlaufen, einen Streit vom Zaun zu brechen und es würde ihn geradezu Überwindung kosten, in einem Wortgefecht laut herumzuschreien.

So kann jemand zunächst ein Verhalten an den Tag legen, das sich später als unbeständig und kurzatmig entpuppen kann. Was man einmal als Kind und Jugendlicher gelernt und in sich aufgenommen hat, bekommt man so schnell nicht wieder los. Aus diesem Grund ist es ratsam, die Familie des anderen wirklich kennenzulernen. Gefällt dir die Familiensituation, dann kannst du davon ausgehen, daß du später eine ähnliche im eigenen Hause haben wirst. Fühlst du dich jedoch nicht wohl, dann solltest du dir nicht einbilden, dein Lebensgefährte würde die große Ausnahme bilden. Es ist nicht einfach eine Ausnahme zu sein.

3. Die ganze Familie

Bist du dir darüber im klaren, daß sich die Überzeugung eines Menschen von seinem tatsächlichen Leben durchaus unterscheiden kann? Er kann dir beispielsweise lang und breit erklären, wie verwerflich es sei zu streiten und kann kurz darauf in einen Streit mit dir verwickelt sein. Es ist nicht einfach seine Gewohnheiten zu ändern. Deshalb sei nochmals gesagt, daß man nie nur eine Person heiratet, sondern mit ihr die Familie und das, was diese ihr auf den Weg mitgegeben hat.

Das Alter

1. Lebensalter

Generell kann man wohl sagen, daß Frauen ihre geistige Reife früher als Männer erreichen, während Männer weniger schnell altern. Frauen haben ihren geistigen Reifungsprozess gewöhnlich 5 Jahre früher als die Männer abgeschlossen. Gleichzeitig altern sie aber auch 10 Jahre früher. (Anm.d.Übersetzers: Hier dürfte W. Nee von asiatischen Verhältnissen ausgegangen sein. Für Europa sind diese Zahlenangaben sicher etwas zu hoch angesetzt.) Wenn man also einmal rein von der körperlichen Konstitution ausgeht, so ist es noch durchaus vertretbar, wenn der Mann 5-8 Jahre älter ist als die Frau.

2. Geistige Reife

Auch hier gibt es einiges zu bedenken. Es kann ja durchaus sein, daß jemand von seiner körperlichen Entwicklung her schon zu den Erwachsenen zählt, aber geistig auf der Stufe eines Kindes geblieben ist. So kann einer weit über 30 Jahre alt sein, und doch den Reifegrad eines Zwanzigjährigen besitzen. Aus diesem Grunde kann es unter Umständen auch mal gut sein, wenn ein Mann eine ältere Frau heiratet — vorausgesetzt, er ist ihr in seiner geistigen Entwicklung voraus. Die Entscheidung ist auch von dem abhängig, ob dem einzelnen die geistige Reife oder das tatsächliche Lebensalter als Kriterium bei der Wahl des Lebensgefährten wichtig erscheint. Im Normalfall dürfte es sich jedoch wohl so verhalten, daß auf Grund der unterschiedlichen körperlichen Entwicklung von Mann und Frau, der Mann älter ist. Es bleibt aber, wie gesagt, dem einzelnen überlassen, wie er sich und den anderen einstuft. Ein Ältersein der Frau kann ebenso gerechtfertigt sein.

Eigenschaften, Interessen, Ziele

Die oben erwähnten 5 Punkte bezogen sich mehr oder weniger auf äußere Voraussetzungen und Umstände. Nun soll es mehr darum gehen die Art und den Charakter des anderen in die Fragestellung der Partnerwahl mit aufzunehmen. Wenn eine Ehe erfolgreich sein soll, ist es sicherlich nicht ausreichend, wenn zwei rein äußerlich gefallen an sich finden, sondern es sollten Gemeinsamkeiten in den Eigenschaften, in den Interessen und Zielen vorhanden sein. Sind Eheleute hierin zu verschieden, kann es schnell dazu kommen, daß Unfrieden das Familienleben bestimmt und beide schließlich darunter leiden. Junge Leute sollten bedenken, daß die äußere Erscheinung sich verändert, während die inneren Eigenschaften eines Menschen bleiben.

Bei Ungläubigen beruht die Liebe meistens auf diesen Äußerlichkeiten. Dies ist jedoch nicht die Liebe, von der die Bibel spricht. Es ist zwar so, daß die äußere Erscheinung mit in die Liebe hineingehört, aber die Liebe noch nicht ausmacht. So gesehen beinhaltet Liebe zwei grundsätzliche Elemente: Äußere Anziehung und Gemeinsamkeiten in Eigenschaften und Interessen. So kann es dir passieren, daß du jemand aufgrund seines Aussehens lieb gewonnen hast. In Wirklichkeit liebst du diesen Menschen jedoch nicht, weil du weißt, daß er in allem was er tut, anders denkt und anders vorgeht als du. Der andere liebt, was dir mißfällt und umgekehrt — einfach, weil es unterschiedliche Naturen gibt.

1. Liebe

Einer der Eheleute kann beispielsweise sehr kontaktfreudig sein und den Umgang mit Menschen suchen. Er hat eine Art liebevoll und herzlich mit anderen umzugehen und findet die Gemeinschaft mit anderen wohltuend. Hat dieser nun einen Ehepartner, der eher kühl und nicht umgänglich wirkt, einfach weil er keine Liebe und Sympathie für andere aufbringen kann, wird es bald zu Spannungen bei beiden kommen, weil hier zwei total verschiedene Naturen aufeinander prallen. Wenn nun beide gern Menschen um sich haben, werden sie sich hierin eine Hilfe sein können, und werden dabei auch eine große Aufgabe sehen. Beide werden ihre Ehe als produktiv und in diesem Punkt spannungsfrei empfinden. Es kommt einem dann so vor, als ob man bei Westwind westwärts segeln würde und man so richtig von einer Windböe getragen wird. Sind die Interessen jedoch verschieden gelagert, wird der eine in diese, der andere in jene Richtung ziehen. Das Zusammenleben zweier Eheleute wird nicht sehr harmonisch sein, wenn der eine den Geiz des anderen ertragen muß und der andere die Freizügigkeit und Verschwendung.

2. Freundlichkeit

Es gibt Menschen, die nicht nur liebevoll, sondern auch freundlich und gütig sind. Freundlichkeit ist hier so gemeint, daß es einem widerstrebt, einen anderen zu verletzen und man ständig darauf bedacht ist, mit anderen mitzuempfinden. Das Leben wird bedeutungsvoller, wenn der Ehegefährte hier am gleichen Strang zieht und genausowenig Gefallen daran hat, andere in Verlegenheit zu bringen oder bloßzustellen. Auch hier kann es vom Gatten abhängen, ob man mit dem Strom schwimmen kann oder dagegen ankämpfen muß. Gehörst du beispielsweise zu den Menschen, die sehr tierliebend sind, wirst du es schwer haben, mit einem Menschen zusammenzuleben, der weder Katzen noch Hunde im Hause ertragen kann. Ihr werdet beide in verschiedene Richtungen gehen.

3. Großzügigkeit
Eine Person, die von Natur aus großzügig ist, wird ihren Gästen alles auf den Tisch stellen, was sie nur hat. Heiratet diese nun einen Menschen, der jede Mahlzeit, die von Freunden verzehrt wird, registriert und zählt, wird sie kein einfaches Familienleben führen können. Wieder einmal ist die Schwierigkeit nicht in den äußeren Umständen zu suchen, sondern in der Natur des Menschen.

4. Offen oder verschlossen
Manche Gläubige sind von ihrer Art her offen und haben es gern, wenn andere ihnen ebenfalls mit Offenheit begegnen. Andere wiederum sind zurückhaltender und eher vorsichtig. Sie lieben es, wenn andere ihnen gegenüber behutsam vorgehen und ihrem Temperament keinen freien Lauf lassen. Man kann nicht sagen, daß die eine Verhaltensweise richtig und die andere falsch wäre, da es sich nicht um eine moralische oder ethische Frage handelt, sondern um die Gemütsart einer Person. Der eine kann von seiner Art her verschlossen sein und viele Dinge für sich behalten und gerade darin wertvoll sein. Gleicherweise kann der anders Gelagerte durch seine Offenheit vielen eine Hilfe sein. Man sollte deshalb diese beiden Charaktereigenschaften nicht gegeneinander ausspielen. Im Eheleben kann es jedoch zu Schwierigkeiten kommen, weil der eine «zu schnell» und der andere «zu langsam» geht. Beide leiden darunter.

5. Besonnen oder impulsiv
Es gibt Leute, die sehr besonnen sind und alles sehr sorgfältig überdenken, während andere eine Sache anpacken, ohne lange vorher zu fragen und erst nachher zum Nachdenken kommen. Auch hier ist es nicht angebracht, das Bessere vom Schlechteren zu unterscheiden, sondern es sollte vielmehr darum gehen, daß sich zwei junge Leute finden, die sich in ihrer impulsiven oder

auch besonnenen Art nicht allzusehr unterscheiden. Das gemeinsame Eheleben wird dadurch reibungsloser ablaufen.

6. Wortpedanterie

Manche sind überempfindlich in der Wortwahl und im Ausdruck und können durch diese Eigenschaft anderen das Leben schwer machen. Andere haben einen leichtfertigen Umgang mit der Sprache, obwohl das noch nicht heißen muß, daß sie bewußt ungenau sind in ihrer Wortwahl oder Satzbildung. Treten diese beiden Eigenschaften als Gegensatzpaar in einer Ehe auf, kann es zu der dummen Situation kommen, daß der Wortpedant den anderen der Lüge beschuldigt. Der andere wird ihm in seiner Wut vielleicht entgegnen, am besten überhaupt nicht mehr zu reden. Müßte alles, was gesagt wird, genauestens und exakt formuliert werden, würde wohl tatsächlich nicht viel gesprochen werden. So können unterschiedliche Neigungen in der Tat große Probleme hervorrufen.

7. Aktiv oder passiv

Eine weitere Unterscheidung in den Charaktereigenschaften kann man in bezug auf die Vitalität und Passivität von Personen treffen. Dies wieder ohne Wertung. Ist eine überaus vitale, lebendige junge Frau mit einem sehr gemütlichen, behäbigen Mann verheiratet, kommt es zweifellos leicht zu Situationen, in denen sich diese beiden Gegensätze nicht vertragen. Es wird nicht lange dauern, bis sie tatsächlich eine Wertung vollziehen und einander die Eigenart als Schwäche vorhalten. Ich persönlich kenne einen Mann, der gerne zuhause sitzt, aber mit einer Frau verheiratet ist, die gerne ausgeht und Leute besucht. Den Ehemann kostet es viel Überwindung sich mit seiner Frau auf den Weg zu machen. Kann er sich jedoch nicht dazu aufraffen, bleibt ihm nur die Alternative alleine zuhause zu bleiben. Das kann er zwar einige Male tun, aber auf die Dauer wird es ihm zuviel werden, weil er seine Frau kaum mehr antrifft. Auch hier haben beide den Fehler begangen diesen Punkt vor der Eheschließung nicht überdacht zu haben.

8. Sauber oder unordentlich

Ich kenne eine Schwester im HErrn, die besonders reinlich ist. Sie verfolgt geradezu ihren Ehemann, um all das wieder in Ordnung zu bringen und aufzuheben, was er fallen läßt. Er hingegen nimmt es nicht so genau mit der Sauberkeit. Eines Tages besuchte ich sie und traf den Mann an, wie er gerade die Kissen auf den Boden schleuderte und einen Stuhl umwarf. Natürlich fragte ich ihn, warum er dies tun würde. Er antwortete mir, daß er so glücklich sei, da seine Frau gerade bei ihren Eltern auf Besuch wäre. Ihr Putzfimmel hatte ihm so zu schaffen gemacht, daß er nun Genugtuung dabei empfand, die Wohnung in Unordnung zu bringen.

9. Gemeinsamkeiten
Christen sollten sich immer wieder klar machen, daß in der Liebe sowohl die äußeren als auch die inneren Dinge zählen. Aus diesem Grund sollten sie *nie* allein nach der äußeren Erscheinung einen Lebensgefährten wählen, auch wenn sie davon ganz in Beschlag genommen sind. In Shanghai lernte ich zwei Eheleute kennen, welche ständig miteinander stritten. Ich fragte den Ehemann, warum er sie denn überhaupt geheiratet habe, wenn er jetzt so mit ihr umgeht. Ich erfuhr, daß er sich bei der ersten Begegnung von ihren rabenschwarzen Augen betören ließ. Offensichtlich war dies eine Liebe, die nur auf Äußerlichkeiten beruhte, denn nach der Heirat waren die Augen vergessen und die eigentlichen Unterschiede in ihrem Wesen kamen zum Vorschein. Während sie gern laut lachte, war er gern ruhig; während sie sehr flink war, war er behäbig und langsam. Wir dürfen nicht vergessen, daß die Eigenarten eines Menschen ein dauerhaftes, keineswegs nur zeitweiliges Problem darstellen können. Auch wenn die äußere Erscheinung einen zur Heirat bewegen kann, so ist doch nicht sie es, die die Ehe in Wirklichkeit stützen kann. Die äußerliche Anziehung kann einen in Bewegung setzen, aber einem nicht die Kraft geben, in Bewegung zu bleiben.

10. Himmel und Hölle
Im Englischen gibt es das Sprichwort: «Entweder erlebt einer zweimal den Himmel oder zweimal die Hölle.» Eine glückliche Familie erinnert an den Himmel, während die unglückliche Ehe Hölle sein kann. Ein Ungläubiger kann so gesehen in doppelter Weise die Hölle erleben — einmal in diesem Leben und das andere mal nach seinem Tod. Ein Christ kann in diesem Leben Hölle erleben, wenn in seiner Ehe der Unfriede zuhause ist — in dem zukünftigen Leben wird er jedoch im Himmel sein. In diesem Zusammenhang denke ich besonders an einen Bruder, dessen Frau ständig mit jedermann im Streit lebte. Sie konnte sehr geistreich sein und schöne Gebete formulieren, aber wenn ihr Temperament mit ihr durchging, konnte sie niemand bremsen. Oft stritt sie mit den Nachbarn und der Ehemann mußte jeweils hingehen, um sich für ihr Verhalten zu entschuldigen. Er hatte es sich schon zur Gewohnheit gemacht, beim Nachhausekommen zu fragen, was wie-

der vorgefallen sei. Fast immer mußte er diesen schweren Gang tun. Hätte dieser Bruder eine stille Frau geheiratet und diese Schwester einen energischen Mann, wäre ihre Familie sicher nicht zum Anlaß von soviel Unruhe geworden.

11. Den anderen annehmen.

Manche leben im Glauben, sie könnten die Art des anderen ändern. Das ist eine Illusion. Wenn schon der Heilige Geist lange braucht, den Chrarakter eines Menschen zu verändern, brauchen wir uns nicht einzubilden, in unseren Bemühungen erfolgreich zu sein. Selbst die Ehegemeinschaft vermag es nicht, wesentliche Grundzüge im Wesen eines Menschen zu ändern. Viele Gläubige, denen die Charaktergegensätze durchaus bewußt seind, hoffen erwartungsvoll auf eine Änderung. Doch alles bleibt beim alten. Wenn es eine Hoffnung gibt, die zuschanden werden muß, dann ist es diese. Den Ehemann, der es vermöchte, seine Frau zu ändern, muß ich erst noch kennenlernen. Wie ich schon einmal sagte, bekommt man beim Heiraten «fertige Ware» und nicht «unfertige». So wie der Mensch vor der Ehe ist, so wird er auch nachher sein. Deshalb kann nicht genug beobachtet und abgewogen werden, bevor man sich zur Ehe entschließt

12. Mahnung

Entschuldigt, daß ich noch mehr sage. In den über 10 Jahren, die ich in Shanghai gearbeitet habe, verbrachte ich ¼ meiner Zeit mit der Lösung von Familienschwierigkeiten. Aufgrund dieser Erfahrung bin ich ein entschiedener Warner vor Ehen, bei denen zu große Gegensätze zusammenkommen. Dieser Warnung entgegen zu handeln, wird den Eheleuten und den Kindern schaden. Es sind gerade die Kinder, die es deutlich zu spüren bekommen, ob eine Ehe harmonisch ist oder nicht. Sie werden zwischen Mutter und Vater hin und hergerissen und wissen nicht, wo sie nun wirklich hingehören. Ja, dies kann sogar Auswirkungen auf ihr Seelenleben haben!

Charakterschwächen

In den oben erwähnten Punkten gingen wir jeweils von der natürlichen Veranlagung des einzelnen aus, ohne die sittlichen und moralischen Kosequenzen und Hintergründe zu beleuchten. Deshalb wollen wir nun mehr auf die Fehler eingehen, die der Mensch nicht «von Natur aus» mitbekommen hat.

1. Charakterschwäche — moralisch gesehen

Was bedeutet Schwäche? Es ist eine Tatsache, daß es faule und fleißige Leute gibt. Während nun Fleiß als Tugend bezeichnet wird, zählt die Faulheit sicher zu den Charakterschwächen. Manche sind in der Verwendung von Worten und dem Gebrauch ihrer Sprache sehr sorgsam und genau. Auch das ist eine Tugend. Nun gibt es aber auch Leute, die mit Vorliebe noch zusätzliche eigene Gedanken zu den erwähnten Tatsachen beifügen. Ihr Reden wird zur Lüge und somit zu einer Charakterschwäche. Andere wiederum sind verschlossen und reden nicht übermäßig viel — was gut sein kann. Für ihre beredte Art können sie nichts, aber wenn sie ständig belehren und kritisieren wollen und mit dazu beitragen Gerüchte zu verbreiten, handelt es sich nicht mehr nur allein um die Veranlagung eines Menschen. Wo immer dieses schuldhafte Fehlverhalten auftaucht, muß es vor Gott in Ordnung gebracht werden. Um noch ein anderes Beispiel zu nennen: Von Natur aus kann einer langsam oder schnell sein. Seine Eigenschaften werden ihm aber erst dann zur Schuld, wenn aus der Behäbigkeit Unzuverlässigkeit und aus der Flinkheit Sorglosigkeit wird.

2. Das Wissen um die Fehler des anderen

Wie sollte man sich verhalten, wenn man nun die Schwächen des anderen erkennt und mit ihnen konfrontiert wird? Es ist schnell gesagt, daß dies für einen Außenstehenden schlecht zu beurteilen ist. Auf jeden Fall sollte das junge Paar vor der Heirat die schwachen Stellen am anderen erkennen. Nur das Gute am anderen zu sehen ist nicht nur falsch, sondern auch töricht, denn nachher ist es zu spät. Zwei Verheiratete sollten sich wie Blinde und Taube verhalten, wenn es um die Fehler des anderen geht, denn auch ohne bewußt hinzuschauen, sieht man genug am anderen, was einem nicht gefällt. Warum dann noch Fehler suchen? Die sollte man vor der Ehe herausgefunden haben. Die Zeit des Kennenlernens gibt Gelegenheit dazu, vorausgesetzt, man ist nicht geblendet von der äußeren Erscheinung des Gegenübers. Sei deshalb nicht so sehr auf die Ehe bedacht, sonst läufst du Gefahr, die Schwächen des anderen einfach zu ignorieren.

3. Erträglich oder nicht

Stellt man nun vor der Ehe Fehler fest, muß man sich natürlich grundsätzlich darüber klar werden, ob man diese ertragen kann und will oder ob es einem zuviel ist. Ist man sich in diesem Punkt nicht im Klaren, sollte auf keinen Fall geheiratet werden, denn das

Erwachen in der Ehe kann schlimm sein. Das ganze Familienleben würde darunter leiden, weil es ja nicht mehr gelingen würde, der Situation eine entscheidende Wende zu geben.

4. Wenn Schwächen zusammenkommen

Ich möchte in diesem Zusammenhang eine Warnung aussprechen: Man sollte nicht im Glauben leben, daß etwa Leute mit gemeinsamen Fehlern besser zusammenleben könnten. So etwas gibt es einfach nicht. Ich glaube sogar, daß es die Problematik noch erhöht.

Wenn es sich um eine rein veranlagungsmäßige Verschiedenheit handelt, ist dies ohne Einfluß für das Gewissen. Handelt es sich aber um Schwachheiten, belastet dies das Gewissen. Dann leiden der Bruder und die Schwester zwiefach. Einmal für sich selbst, dann aber auch noch für den andern Teil. Auf diese Weise verdoppeln sich ihre Schwierigkeiten und ihre Verantwortung. Veranlagung läßt sich ertragen, Schwachheit hingegen nicht. Was ich damit sagen will: Eine Schwäche kann entschuldbar sein, aber damit ist sie noch nicht erträglich geworden. Es ist deshalb besser, wenn die Fehler zweier Personen nicht von gemeinsamer Natur sind.

Achtung vor dem anderen

Soll eine Ehe erfolgreich sein, darf die Achtung voreinander nicht fehlen. Schaut einer auf den anderen herab, wird das Eheglück bald gefährdet sein. Es muß eine gegenseitige Achtung auch im Bezug auf die Charaktereigenschaften und besonderen Begabungen des einzelnen vorhanden sein. Es kann vorkommen, daß eine Ehefrau einmal nicht die Wahrheit sagt. Wenn dies nicht öfters geschieht, wird es der Ehemann entschuldigen können. Erst bei einer Regelmäßigkeit ihres Fehlverhaltens wird er jedoch auf bewußtes Zuwiderhandeln seiner Frau schließen müssen. Erst dann wird er die Achtung vor ihr verlieren. Wenn in einem anderen Fall die Frau überaus egoistisch ist und ganz auf sich bezogen lebt, kann sie die Achtung ihres Ehemannes erwarten?

Nochmals sei gesagt, daß die Achtung eines Menschen nichts mit seinen Eigenschaften zu tun haben muß. Wenn die gegenseitige Achtung fehlt, ist das Fundament der Ehe brüchig. Wenn das Vertrauen in den anderen nicht mehr da ist, ist die Ehe in ihrer Existenz bedroht. Es kann schwer sein, in einer Ehe zu leben, wo Gegensätze aufeinanderprallen, aber wer kann eine Ehe retten, in der man sich gegenseitig mißtraut? Es gibt Leute, die durch ihre grobe und rücksichtslose Art, andere auch barsch behandeln, ohne auf ihre Gefühle zu achten. Hier handelt es sich nicht um ein «angeborenes» Verhalten, sondern eindeutig um eine Charakterschwäche. Ein Verhalten, das keinen Respekt und keine Achtung verdient, wirkt sich immer schädigend auf die Ehe aus. Auch der Verlust an Selbstbeherrschung sei hier erwähnt. Menschen, die keine Kontrolle über sich selbst haben, sind meistens sehr von sich eingenommen. Manche finden es geradezu befreiend ihrem Ärger Luft zu machen. Dieses fragliche Verhalten wird sicherlich dazu beitragen, die Achtung des Ehegatten zu schmälern. Wenn ein Mann gemein und grob ist, oder eine Frau in allem ihren eigenen Vorteil sucht, dann kann man nicht mehr von der «angeborenen Natur» reden. Bevor man sich für den anderen entscheidet, muß man prüfen, ob die gegenseitige Achtung tatsächlich vorhanden ist. Bei der Heirat von Gläubigen ist es zusätzlich auch noch von Bedeutung, daß der Ehegatte gute Charaktereigenschaften hat. Was in den Augen Gottes verwerflich ist, sollte Menschen nie als Grundlage dienen, um darauf eine Ehe aufzubauen.

Gemeinschaftssinn

Ein weiterer Punkt, dem man beim Kennenlernen des Ehegatten Beachtung schenken sollte, ist, seine Fähigkeiten mit anderen zusammenzuleben. Ehe bedeutet Zusammenleben. Es gibt Leute, die in dieser Beziehung recht eigenartig sind und es nicht fertigbringen, im Frieden in einer Wohngemeinschaft zu leben. Wie wird ein Mann mit einer Frau zusammenleben können, wenn er nicht imstande war, mit Eltern und Geschwistern auszukommen? Genauso fraglich wird es sein, ob man mit einer Frau, die ständig im Streit mit anderen lebt, eine gute Ehe führen kann. Gemeinschaftssinn ist eine Grundvoraussetzung für die Ehe. Kann jemand nicht mit anderen zusammenleben, dann kann er es auch nicht mit dir. Warum soll er gerade dich achten, wenn er alle anderen verschmäht? Auch du wirst nach der Heirat behandelt werden wie jene. Wenn beispielsweise eine junge Frau im heiratsfähigen Alter überall herumerzählt, wie ungerecht sie von den Eltern und Geschwistern behandelt wurde, kann man davon ausgehen, daß sie dasselbe später von ihrem Ehemann sagen wird. Sie vermag es ganz einfach nicht, in positiver Weise mit anderen zusammenzuleben. Hat jemand einen hohen Gemeinschaftssinn, wird er entsprechend problemlos mit seinem Ehegatten zusammensein können. Das ist wahrlich eine gute und wichtige Grundvoraussetzung.

Heiligung

Als erstes haben wir in dieser Lektion, in der es um die Wahl des Lebensgefährten geht, die äußeren Umstände untersucht, dann sind wir zu den inneren Qualitäten übergegangen und nun wollen wir als dritten Punkt die geistliche Seite besprechen.

1. Gemeinsamkeit

Ein Christ sollte keinen Unläubigen heiraten. Wir müssen deutlich sehen, daß das Erstrebenswerte in einer Ehe die Einheit im Geist ist und erst dann das Aussehen und die Charaktereigenschaften kommen. Das bedeutet, daß beide den Wunsch im Herzen tragen müssen, Gott zu dienen. Beide müssen dem HErrn ganz gehören und ganz für ihn leben. Das ist weit wichtiger als der edle Charakter des anderen, obwohl dieser natürlich nicht unterbewertet werden darf. Auf diese Grundvoraussetzung muß geachtet werden und in großen und kleinen Dingen für Gott gelebt werden. Nur die Ehe, die durch Gott wirklich zusammengehalten wird, steht auf einem festen Grund.

2. Jesus als HERR

Ist in einer Familie diese gemeinsame Grundlage gelegt, gibt es keine Streitereien, wer das Oberhaupt ist und wer zu gehorchen hat. Jesus selbst ist der HErr des Hauses. Das Streben immer gut dazustehen wird dadurch unterbunden. Viele Eheleute streiten ja nicht, weil es ihnen um Recht und Unrecht geht, sondern weil sie nicht klein beigeben wollen. Wären sie beide vom Geist durchdrungene Christen, würde dieses Problem gar nicht existieren. Vor Jesus, ihrem HErrn, würden sie sich demütigen und ihre Schuld offen zugeben. Wenn zwei Menschen den Wunsch haben, alles nach dem Willen Gottes zu tun, dann können auch alle Angelegenheiten von dieser Grundlage aus erledigt und in Ordnung gebracht werden. Junge Geschwister müssen wissen, daß sie vom HErrn durchdrungen sein müssen. Sind zwei wirklich bereit, sich dem HErrn ganz zu weihen, dann ist die Wahrscheinlichkeit, daß die Ehe glücklich wird, sehr hoch. Sind Eheleute durch den Glauben an den HErrn Jesus miteinander verbunden, dann treten auch die oben genannten Punkte, wie Aussehen oder Charaktereigenschaften mehr in den Hintergrund. Wenn man das bisher Besprochene jetzt vor sich hat, muß man darauf achten, daß man nicht eines davon hervorhebt, und einen anderen Punkt ganz wegfallen läßt. Mögen junge Geschwister für alle Dinge, die vor der Ehe zu beachten sind, offene Augen haben.

Folgerung

Es muß mit großem Nachdruck gesagt werden, daß die 2. Generation in einer Familie sehr viel zu tun hat mit der 2. Generation in der Gemeinde. Wenn wir es an Fürsorge und Liebe in der Familie fehlen lassen, wird das unmittelbare Auswirkungen auf die Gemeindesituation haben. Sind die Familien der kommenden Generation voller Probleme, werden Leute aus der Gemeinde viel Zeit daran setzen müssen, Familienangelegenheiten zu regeln. Bei bereits Verheirateten ist es oft schwer noch irgend etwas zu ändern und oft kann man sie nur dazu anhalten, ein wenig mehr aufeinander einzugehen, geduldiger zu sein und einander mehr Liebe zu zeigen. Bei jungen Leuten, die erst auf die Ehe zugehen, ist unsere Erwartung jedoch, daß sie ein gutes Familienleben haben werden. Als ich in England war, lernte ich eine Anzahl Familien kennen, in denen er und sie ganz dem HErrn dienten und ein Weg der Nachfolge gemeinsam gingen. Das ist wahrlich ein schöner Anblick! Mögen ältere Geschwister hier den jüngeren mit Rat und Tat zur Seite stehen, um Fehler möglichst zu vermeiden und möge Gott alle Geschwister segnen.

Ehemann und Ehefrau

«Ihr Frauen, seid euren Männern untertan, wie sich's geziemt im HErrn! Ihr Männer, liebet eure Frauen und seid nicht bitter gegen sie!» (Kol. 3,18-19)

«Gleicherweise sollen auch die Frauen ihren eigenen Männern untertan sein, damit, wenn auch etliche dem Worte nicht glauben, sie durch der Frauen Wandel ohne Wort gewonnen werden, wenn sie euren in Furcht keuschen Wandel sehen. Euer Schmuck soll nicht der äußerliche sein, mit Haarflechten und Goldumhängen und Kleideranlegen, sondern der verborgene Mensch des Herzens mit dem unvergänglichen Schmuck des sanften und stillen Geistes, welcher vor Gott wertvoll ist. Denn so haben sich einst auch die heiligen Frauen geschmückt, welche ihre Hoffnung auf Gott setzten und ihren Männern untertan waren, wie Sara dem Abraham gehorchte und ihn «Herr» nannte; deren Töchter ihr geworden seid, wenn ihr Gutes tut und euch durch keine Drohung abschrecken lasset. Und ihr Männer, wohnet mit Vernunft bei dem weiblichen Teil als dem schwächeren und erweiset ihnen Ehre als solchen, die auch Miterben der Gnade des Lebens sind, und damit eure Gebete nicht gehindert werden.» (1. Petr. 3,1-7)

«Die Frauen seien ihren eigenen Männern untertan, als dem Herrn; denn der Mann ist des Weibes Haupt, wie auch Christus das Haupt der Gemeinde ist; er ist des Leibes Retter.»
(Eph. 5,22-23)

In der vorigen Lektion war die Rede davon, was bei der Wahl des Lebensgefährten von Bedeutung ist. Es wurden dabei vor allem junge Geschwister angesprochen. Aber es gibt ja nicht nur junge Leute unter uns, sondern auch einige, die bereits ein Eheleben führen und eine Familie ihr eigen nennen. Die Bibel gibt in Bezug auf die Ehe genaue Anweisungen. Sie spricht sowohl zu den Ehemännern als auch zu den Ehefrauen in verschiedenen Abschnitten. Vor der Ehe muß darauf geachtet werden, daß man sich richtig entscheidet; in der Ehe nun muß ein Lernprozeß stattfinden, wo der Mann mit Gottes Hilfe zum Ehemann wird und die Frau zur Ehefrau. Durch solches Lernen können die Probleme in der Familie und Gemeinde verringert werden.

Nimm dir Zeit zum Lernen

Zu allererst müssen Eheleute erkennen, daß es eine sehr ernste Angelegenheit ist, Ehemann oder Ehefrau zu sein.

1. Eine ernste Sache

Wenn jemand einen Beruf ergreift, muß er zuerst richtig darauf vorbereitet sein. Ein Physiker muß jahrelang die Universität besuchen und außer dem Studium noch zusätzlich Erfahrungen sammeln; ein Lehrer verbringt vier oder fünf Jahre an der Pädagogischen Hochschule, um seinen Beruf ausüben zu dürfen; ein Ingenieur muß nach jahrelangem Studium ein Diplom ablegen und eine Krankenschwester lernt vier Jahre auf einer Schwesternschule. Ist es von daher verwunderlich, wenn Eheleute sich auf ihren Stand vorbereiten müssen? Nicht umsonst gibt es so viele armselige Ehemänner und Frauen — sie haben es nie gelernt! Würde ich mich als Kranker der Pflege und Fürsorge der Schwester oder des Arztes anvertrauen, wenn ich wüßte, daß diese ihr «Handwerk» nicht verstehen? Würde ich mein Kind zu einem Lehrer in die Schule schicken, der von seinem Fach keine Ahnung hat? Würde ich mein Haus von einem Architekten kostruieren lassen, der Laie in seinem Beruf ist? Wie kann ich dann bei der Ehe davon ausgehen, daß die Eheleute ohne Übung und Vorbereitung ihre Ehe meistern können?

Allzuoft kommt es vor, daß uns unsere Eltern so gut wie keine Anleitung geben, wie wir gute Eheleute werden können. Wenn wir das entsprechende Alter erreicht haben, einer geregelten Arbeit nachgehen und ein nettes Mädchen kennengelernt haben, halten wir den Zeitpunkt für gekommen, zu heiraten. Unser eigentlicher Beweggrund ist, neben der Liebe zum anderen, das vorhandene Geld, das uns den Unterhalt der Familie ermöglicht. In diesem Stadium werden die Fehler begangen, die nachher zu den Schwierigkeiten im Eheleben führen. Völlig unvorbereitet treten zwei Menschen in den Stand der Ehe, ohne die notwendigen Voraussetzungen dafür mitzubringen. Kann eine solche Ehe einen glücklichen Verlauf nehmen? Es ist deshalb unsere Verantwortung, gerade auch Menschen, die noch nicht so lange im Glauben stehen, die Notwendigkeit vor Augen zu stellen, alles, was sie in ihrem Leben anpacken, mit der nötigen Vorbereitung zu tun. Außerdem muß Neu-zum-Glauben-Gekommenen klar gemacht werden, daß die Aufgabe Ehemann oder Ehefrau zu sein, die schwierigste Aufgabe überhaupt ist. Jede andere Aufgabe nimmt einen nur für eine begrenzte Zeit in Anspruch, aber der Ehestand ist eine 24 Stunden-Angelegenheit. Bei einer sonstigen Arbeit kommen wir in den Ruhestand — in einer Ehe nicht. Die Ehe ist wirklich die herausfordernste und ernsteste Aufgabe von allen.

2. Eine notwendige Lektion

Da es eine Tatsache ist, daß viele ohne Vorbereitung geheiratet haben und nun bereits ein Eheleben führen, müssen wir Vergangenes geschehen sein lassen und uns darauf konzentrieren, wie man die schon bestehende Situation am besten meistern kann. In Anbetracht der Verantwortung, die die Ehe mit sich bringt, sollte der Ehemann alles tun, um auch wirklich ein guter Ehemann zu werden. Dasselbe gilt natürlich auch für die Frau. Und doch, selbst wenn einer «besonderes» Talent mitbringt, wird er gegen Fehler nicht gefeit sein. Wieviel mehr wird der Fehler machen, der ohne Voraussetzungen und innere Vorbereitung die Ehegemeinschaft sucht. Ein Mensch sollte seine ganze Kraft daran setzen, an sich selbst zu arbeiten, und sein Bemühen, sich für die Ehe einzusetzen, sollte ihm wichtiger sein als andere Dinge. Oberflächlichkeit und Leichtfertigkeit führen hier schnell zu einem fehlerhaften Verhalten. Es braucht Zeit und Kraft, um alles nach dem Willen Gottes zu tun. Mängel und Schwachheiten können beseitigt werden und aus Negativem kann Positives werden. Die Ehe ist eine solch ernste Angelegenheit, daß es am Erfolg eigentlich nicht fehlen darf. Alle verheirateten Geschwister sollten deshalb lernen, Verantwortung vor Gott zu übernehmen und die Vorarbeit für eine gute Ehe nicht hinauszögern. Die Kunst, eine Ehe zu führen, ist größer als die Kunst, einen Beruf zu erlernen.

Die Augen schließen

Das erste, was man nach seiner Heirat lernen sollte, ist das bewußte Nicht-Wahrnehmen von Dingen. Manchmal muß man einfach die Augen schließen. Wenn Eheleute Tag für Tag, Jahr für Jahr ohne längere Trennung zusammen sind, haben sie genug Gelegenheit, die Schwächen des anderen herauszufinden. Man sollte auch nach der Heirat nicht die schwachen Punkte des anderen herausstellen. Wir dürfen nicht vergessen, daß der andere ja unser Gatte ist und nicht unser Schüler oder Lehrling. Schwächen und Stärken sollten nur festgestellt werden, um zu korrigieren und weiterzuhelfen. Eine Familie sollte auf einem tragfähigen Fundament stehen. Vor der Ehe muß man deshalb seine Augen weit aufmachen, um die Dinge zu durchschauen und auch die möglichen Schwierigkeiten zu sehen. Wenn du Haarspaltereien betreiben willst, kannst du es natürlich tun. Da euch Gott zusammengefügt hat, habt ihr ja genügend Zeit — fünfzig Jahre lang könnt ihr dann eure gegenseitigen Schwächen entdecken. Versuch nicht, immer neue Fehler zu entdecken, denn auch wenn du nicht bewußt danach suchst, wirst du noch genug entdecken — warum deshalb noch zusätzliche Probleme heraufbeschwören?

Gott hat angeordnet, daß die zwei Menschen, die er zusammengefügt hat, auch in Liebe und Unterordnung zusammen leben. Seine Absicht ist es nicht, daß diese ihre Fehler suchen und einander zurechtweisen sollen. Er hat nicht Ehemänner als Lehrer über die Frauen gesetzt und die Frauen sollen nicht die Männer belehren. Es ist nicht notwendig, den anderen zu verändern, denn ihm auf diese Weise helfen zu wollen, ist vom Ansatz her schon falsch. Hilfe geschieht nicht durch Aufdeckung von Fehlern. Verheiratete sollten es lernen, nicht immer so kleinlich zu sein. Liebe ist etwas anderes als bloßes Helfen oder Zurechtweisen.

Lerne dich anzupassen

Die Lektion des «Anpassens» muß unmittelbar nach der Heirat gelernt werden, denn unabhängig davon, wie sehr sich zwei Menschen gleichen, werden sie doch früher oder später Unterschiede feststellen. Sie werden von verschiedenen Blickwinkeln aus eine Sache betrachten, werden Sympathien und Antipathien haben und unterschiedliche Neigungen und Meinungen. Es kann deshalb nicht früh genug damit begonnen werden, dieses «Einander-Entgegenkommen» zu üben.

1. Komme einen halben Schritt entgegen

Was versteht man unter Anpassung? Daß ich den anderen auf halber Strecke treffe. Der ideale Fall liegt natürlich vor, wenn das Entgegenkommen von beiden Seiten praktiziert wird. Ist diese Bereitschaft aber nur von einer Seite da, sollte wenigstens von dem einen dieser «halbe Schritt» getan werden. Viele Schwierigkeiten können jedoch gelöst werden, wenn einer der beiden seine Position ganz verläßt und auf den anderen ganz eingeht. Nochmals anders ausgedrückt: Unter Eheleuten sollten immer beide bereit sein, in allen Dingen gemeinsam zu einer Einigung beizutragen. Kann die Position des anderen nicht akzeptiert werden, so sollte sie dennoch toleriert werden. Beharre also nicht auf deiner Meinung, sondern sei auch bereit, einen Standortwechsel vorzunehmen. Auch wenn du deine eigene Gedankenwelt hast, ist es doch wichtig, sich mit der «Welt» des Lebensgefährten zu beschäftigen.

Arbeitet ein junges Paar in den ersten Ehejahren diesbezüglich an sich selbst, werden sie nach dieser «Lernphase» ein harmonisches und glückliches Eheleben führen können. Kommt es jedoch zu keiner Annäherung, kann schwerlich von einer Harmonie in der Ehe die Rede sein. Das Eheleben ist keine einfache Sache, und um eine gute Ehe zu führen, braucht es Zeit und Kraft.

Sich anpassen bedeutet auch, sich mit dem zu beschäftigen, was den anderen bewegt. Es gibt Leute, die beispielsweise sehr lärmempfindlich sind, während andere die Stille nicht ertragen können. Bei manchen muß ständig etwas «los» sein, andere wiederum werden durch Hektik und Streß krank.

All dies sind Punkte, wo es zu einer Anpassung kommen muß. Angenommen, die Ehefrau ist im Gegensatz zu ihrem Mann sehr fleißig. Der Mann wird sich in seiner Ehe nicht wohl fühlen, wenn er von seiner Frau ständig dazu angehalten wird, so tugendsam und fleißig wie sie zu sein. Umgekehrt kann es natürlich auch geschehen, daß die Frau ihren Mann aufgrund seines Versagens am liebsten verlassen würde.

2. Lerne es, dich selbst zu verleugnen

Als Christen müssen wir es lernen, uns selbst zu verleugnen. Selbstverleugnung bedeutet letztlich Anpassung. Wenn beide Ehepartner das eigene Ich zurückstellen, ist Raum für die Liebe und wird Frieden im Haus herrschen. Selbstverleugnung und Entgegenkommen stehen in einem direkten Zusammenhang und wo das eine fehlt, ist auch das andere vergeblich zu suchen. Junge Gläubige sollten begreifen, daß dieses Entgegenkommen nicht nur in ein paar dutzend Fällen, sondern in allen Situationen von Wichtigkeit ist. G.H. Pember ist auch der Meinung, daß die Ordnung in einer Familie daran abzulesen ist, daß die vielen Verschiedenheiten durch gegenseitiges Entgegenkommen überbrückt werden können. Erst wenn du lernst, deine eigene Meinung zu ändern, kannst du auch wirklich den Standpunkt des anderen akzeptieren.

Sei dankbar und feinfühlend

In der Ehe sollten von Anfang an die Stärken des Ehepartners gewürdigt und anerkennend aufgenommen werden.

1. Beachte die Stärken des anderen

Wir dürfen die Augen nicht verschließen und die Fehler des anderen großzügig übersehen, sondern wir müssen auch die positiven Eigenschaften unseres Gegenüber sehen lernen. Wir sollten feinfühlig in Bezug auf alle Dinge sein, die gut gemacht werden. Versteht es ein Ehemann nicht, seine Frau Wert zu achten und hat die Frau keine Anerkennung für ihren Mann, ist das Eheleben schnell belastet. Denkt daran! Wir müssen unseren Frauen weder schmeicheln noch die Eitelkeit der Männer unterstützen. Es geht darum, die Stärken des anderen sehen zu lernen, seine Vorzüge und seine Schönheit zu erkennen.

In einer der örtlichen Gemeinden arbeitet ein verantwortlicher Bruder mit, von dem jeder nur Gutes zu berichten hat. Nur wenn seine Frau gefragt wird, bekommt man nichts als Klagen zu hören. Sie bezeichnet ihn als den schlimmsten Ehemann und kritisiert ihn ständig. Auch seine Stellung als verantwortliches Mitglied in der Gemeinde zweifelt sie an. Warum all das? Ihr Verhalten kann verschiedene Ursachen haben. Fest steht jedoch, daß alle an dem Mann hochschauen mit Ausnahme seiner Frau. Wie kann solch eine Gemeinschaft nach außen strahlen? Der umgekehrte Fall kann auch eintreten. Mit Ausnahme des Ehemanns leben alle im Glauben, seine Gattin wäre eine gute Ehefrau. Ich erinnere mich an einen früheren Aufenthalt in Peking, wo ich Zeuge eines Gespräches wurde. Die Ehefrau eines der anwesenden Männer wurde in den höchsten Tönen gelobt. Noch während ihres Gesprächs trat der Ehemann hinzu und die Leute fuhren fort, all die Vorzüge seiner Frau aufzuzählen. Sein Schweigen jedoch verriet: «Wer von euch weiß schon, daß ich die falsche Person geheiratet habe!» Hat sich ein solcher Gedanke einmal in eine Ehe eingeschlichen, ist die Gemeinschaft in ihrer Existenz bedroht.

2. Zeige deine Anerkennung

Die Achtung, die ein Mann seiner Frau entgegen bringt, darf nicht geringer sein als die von anderen Leuten. Er muß nicht unbedingt mehr Anerkennung erweisen als dies von der Umwelt geschieht, aber sollte es auch nicht weniger tun, denn warum hat er sie dann geheiratet? Entweder war sein Urteilsvermögen falsch als er sie kennenlernte, oder er hat jetzt eine falsche Haltung seiner Frau gegenüber. Genauso müssen wir die Frau fragen, die ihren Mann nicht achtet: Warum hat sie ihn geheiratet? Nicht er, sondern sie ist es, die falsch liegt. Für ein glückliches Eheleben ist die gegenseitige Wertschätzung und Achtung eine grundlegende Voraussetzung. Deshalb darf es auch in deiner Ehe nicht soweit kommen, daß andere deinen Lebensgefährten loben, während du nur Kritik an ihm übst. Schau ganz bewußt auf seine Stärken und halte dir seine Tugenden vor Augen. Wenn sich eine Gelegenheit bietet, solltest du auch öffentlich bekennen, was dir an dem Partner gefällt und was du ihm gegenüber empfindest. Eheleute können das Band zwischen sich stärken, wenn sie einander auf diese Weise mit den Augen der Liebe sehen.

Wird Anerkennung nicht zum Ausdruck gebracht, werden Mißverständnisse und Probleme die Folge sein. In England lernte ich einen Ehemann kennen, der kein Wort des Lobes für seine Frau übrig hatte. Kein Wunder war es daher, daß diese in ihrem Selbstwertgefühl gestört und an sich und an ihrem Glauben zweifelte.

Dies führte soweit, daß sie erkrankte und sich zu Tode sorgte. Auf dem Sterbebett sagte der Ehemann zu ihr: «Ich weiß nicht, was ich anfangen soll ohne Dich, denn Du hast so viel Gutes getan. Was wird aus der Familie, wenn Du von uns gehst?» «Warum hast Du das nicht früher gesagt?» antwortete ihm seine sterbende Frau. «Ich hatte immer das Gefühl, als ob ich nichts wert sei und klagte mich selbst an. All das Sorgen hat mich krank gemacht und mich auf das Sterbelager geworfen.» Denke deshalb daran, daß «liebe Worte» in einer Familie und Ehe nicht fehlen dürfen.

Ich kenne eine nicht geringe Anzahl von Ehemännern, die nicht vorankommen, weil ihre Frauen ihr Tun geringachten. Selbstanklage auf seiten der Männer ist die Folge davon. Die Frauen werden zum eigenen Gewissen und weil diese ihre Männer am besten kennen, ist ihr Urteil auch von so großer Bedeutung.

Laßt uns also festhalten: Der Erfolg oder Mißerfolg einer Ehe hängt zum großen Teil von der gegenseitigen Achtung und Wertschätzung ab und der damit zusammenhängenden Beachtung der Vorzüge und Tugenden und der Nichtbeachtung der Schwächen und Fehler.

Sei höflich

Es ist nicht gut, ja geradezu verwerflich, wenn in einer Familie keine Höflichkeit gepflegt wird. Wir wollten zu allen höflich sein, egal wie eng eine menschliche Beziehung ist. Sie wird zerstört, wenn die Höflichkeit fehlt. Paulus sagt uns in 1. Kor. 13,5, daß «die Liebe nicht unanständig ist.» Erfahrungsgemäß werden Familienauseinandersetzungen oft durch kleine Dinge ausgelöst. Es ist ja so, daß wir Menschen zuhause am wenigsten tolerant sind. So denken wir, daß durch die enge Lebensgemeinschaft, die wir mit dem anderen haben, es uns leisten können, gedankenloser als anderswo zu sein. Aber wir sollten nicht vergessen, daß es ja gerade die Höflichkeit ist, die einer menschlichen Beziehung die Schönheit verleiht. Ist sie einmal nicht mehr vorhanden, kommen die häßlichen Dinge unseres Lebens schnell zum Vorschein. Je enger die Menschen zusammenleben, um so höflicher müssen sie im Umgang miteinander sein. Ein Bruder hatte hierfür eine gute Erklärung. Er meine, die Höflichkeit im menschlichen Umgang sei wie das Schmieröl für die Maschine. Ohne Höflichkeit kommt es zwangsläufig zu Reibereien und zu unguten Emotionen.

1. Höflichkeit in Worten

Gewöhne es dir an, «danke» und «Entschuldigung» zu sagen. Höfliche Worte wie «darf ich» oder «bitte» sollten häufig in unserem Wortschatz zu finden sein. Würde man diese Ausdrücke gänzlich streichen, wäre es sicher schwierig, Freunde zu gewinnen. Um wieviel wichtiger ist es dann erst in der Ehe. Wir sollten uns also den Gebrauch von höflichen Worten auch zuhause angewöhnen.

2. Höflichkeit in der Kleidung

Nicht nur deine Worte sollten höflich und dein Benehmen anständig sein, sondern auch deine Kleidung muß ordentlich aussehen. Genauso wie man im Freundeskreis auf sein Erscheinen achtet, sollte man es zuhause auch tun. Die «eigenen vier Wände» dürfen nicht Anlaß dazu sein, sich gehenzulassen und weniger Wert auf das Äußere zu legen als sonst. Ein solches Verhalten kann Verachtung hervorrufen. Grundsätzlich gilt deshalb für zuhause derselbe Maßstab wie außerhalb der heimischen Sphäre.

3. Höflichkeit im Benehmen

Auch im Benehmen muß die Höflichkeit sichtbar werden. Es ist am besten, wenn man bei Tisch eine Platte mit zwei Händen weiterreicht, mit Ausnahme von denen, die für eine Hand konzipiert sind. (Nach chinesischer Sitte ist das ein Zeichen der Höflichkeit. Anm.d.Übersetzers). Wenn man beispielsweise ein Messer oder eine Schere weiterreicht, sollte man die spitze Seite nicht entgegenhalten. Wenn man etwas weitergibt, sollte man es nicht werfen.

Vielleicht spart man ein paar Sekunden, wenn man einen Gegenstand wirft. Ein solches Verhalten jedoch stößt sicherlich ab. Lerne es, dich korrekt zu verhalten. Ich hatte genügend Kontakt mit Familien, die erkannt haben, daß die Höflichkeit im Umgang miteinander die Probleme im Zusammenleben mindern. Es ist eine Tatsache, daß es in einer Familie ruhiger zugeht, wenn die Eheleute höflich zueinander sind. Es wird weniger Geschirr kaputtgehen und die Ehe wird spannungsfreier verlaufen.

Ich glaube, niemand würde gern das Haus einer Frau betreten, die ihren Ehemann anders behandelt als ihre Freunde; gleichermaßen ist niemand einem Manne besonders zugetan, der mit seiner Frau denselben Umgang pflegt wie mit seinen Arbeitskollegen. Die Brüder im HErrn müssen erkennen, daß ihre Frauen mehr für sie getan haben, als die Kollegen es jemals vermocht hätten. Den Schwestern muß ich sagen, daß ihre Ehemänner soviel Geduld ihnen gegenüber aufgebracht haben, wie die Freundinnen aufzubringen gar nicht in der Lage gewesen wären. Die, die «in ihm gelehrt» (Eph. 4,20) worden sind, können einfach nicht unhöflich sein.

4. Höflichkeit im Ton

Auch unsere Stimme muß einen herzlichen Ton haben. Wir können ja ein und dasselbe Wort auf verschiedenste Weise sagen. Ein Chef bedient sich einer bestimmten Tonlage, wenn er mit seinen Untergebenen spricht, Freunde schlagen untereinander einen freundlicheren Ton an. Liebe gebrauchte eine warme und herzliche Stimme und Haß redet in einem Ton, der den Haß ausdrückt. Bei vielen besteht nun die Schwierigkeit, daß sie außerhalb des eigenen Hauses das Gegenteil von dem ausstrahlen, was sie zuhause sind. Bei der Arbeit reden sie freundlich mit den Kollegen, beim Krankenbesuch ist ihre Stimme voller Mitgefühl, voller Nachsicht reden sie mit den Schülern und zuhause lassen sie sich dann einfach gehen. Wie kann ein Heim «heimisch» bleiben, wenn grob und unfreundlich geredet wird? Redet man miteinander in einem falschen Ton, kann die Familie den Frieden nicht wahren. Denkt daran, kein gedankenloses Wort, keine harte oder schroffe Stimme, kein stolzer und selbstmitleidiger Ton, keine egoistische Betonung gehört in das Haus eines Gläubigen. «Die Liebe ist nicht unanständig,» das gilt auch für den Ton, den man wählt.

Die Liebe wachsen lassen

Soll einer Familie das beständige Glück erhalten bleiben, muß die Liebe zunehmen und das Absterben der Zuneigung kann nicht geduldet werden.

1. Liebe braucht Nahrung

Junge Menschen fragen sich oft, wie Liebe abnehmen kann. Ich glaube, ich muß hier erwähnen, daß die Liebe sehr schnell verschwunden sein kann. Wie ein lebendes Wesen braucht auch die Liebe Nahrung. Wird ihr diese verweigert, stirbt sie langsam — bekommt sie aber genug davon, wird sie wachsen. Die Liebe bildet die Grundlage für ein glückliches Familienleben und eine beständige Ehe. Die Liebe ist es, die zwei Menschen zur Heirat bewegt; sie ist es auch, die der Ehe die Beständigkeit verleiht. Viele bringen vor der Heirat einander viel Liebe entgegen, tun aber nachher nichts, damit sie erhalten bleibt. Kein Wunder stirbt die Liebe im Laufe der Jahre. Liebe wird genährt und vermehrt durch Anpassung, Opferbereitschaft, Selbstverleugnung, Verständnis und Sympathie, sowie die Bereitschaft zu vergeben. All diese Dinge müssen immer wieder zu sehen und zu spüren sein. Die Liebe wird dann wunderbar gedeihen. Sucht der Mensch jedoch nur seinen eigenen Vorteil und denkt nicht an die Bedürfnisse des anderen, wird er die Liebe ersticken.

Es ist schmerzlich, ohne Liebe zu heiraten, aber es ist geradezu tragisch, in einer Ehe ohne Liebe leben zu müssen. In jungen Jahren kann einer diesen Zustand vielleicht noch ertragen und auch in seiner Lebensmitte mag er noch damit fertig werden, aber im Alter wird ihn die Kälte und Gefühlsarmut «erstarren lassen». Dieser Unterschied ist gewaltig. Lerne es deshalb als junger Mensch, Liebe zu geben. Versuche deine Liebe zu mehren, dann wird später dein Haus voller Liebe sein.

2. Meide Dinge, die für den anderen unangenehm sind

Jeder Verheiratete sollte mit der Zeit ein Gespür dafür entwickeln, was für den anderen unangenehm ist und wovor er sich fürchtet. Lebe nie sorglos und unachtsam vor dich hin. Bei jedem Menschen existiert etwas, das er verabscheut oder fürchtet. Gegenseitige Unterstützung und Hilfestellung sollten die jeweiligen Fehler eines der Eheleute ausgleichen helfen. Handelt es sich um eine Schwäche, für die der andere nichts kann, sollte man ihm entgegenkommen und ihn ganz annehmen.

Vor einigen Jahren las ich eine Geschichte von einem Ehemann in den USA, der seine Frau vor Gericht wegen Grausamkeit anklagte. Die Geschichte klingt zunächst fast witzig — im Grunde aber ist es bitterer Ernst. Der besagte Ehemann konnte gleichbleibende monotone Töne auf die Dauer nicht ertragen. Während er zunächst in tiefer Liebe mit seiner Frau verbunden war, begann diese nach zwei Ehejahren durch ihr Verhalten die Liebe zu töten. Die Beziehung ging in die Brüche. Die Ehefrau strickte gern und das gleichbleibende Geräusch beim Stricken zerstörte die Nerven des Mannes. Sieben Jahre ertrug er die Tortur, dann ging er vor das Gericht und beschuldigte sie der seelischen Grausamkeit. Der Richter jedoch erklärte ihm, daß der Scheidungsgrund nicht relevant genug sei, da man stricken nicht als kriminelle Handlung bezeichnen könne. Der Ehemann hingegen beteuerte, daß er seine Frau wirklich geliebt hätte. Aber ein Jahr nach der Heirat hätte sie mit dem Stricken begonnen und seither nicht mehr aufgehört. Heute könne er den bloßen Anblick von Strickzeug nicht mehr ertragen und fühle sich geradezu gedrängt, alle Lämmer zu töten. Er sagte dem Richter, daß man ihn für das Töten von Schafen nicht verantwortlich machen könne, da soviel angestaute Aggression in ihm sei. Es war wirklich ein akuter Fall. Während die Frau an ihrem Stricken nichts ungewöhnlich fand, entwickelte ihr Mann eine solche Abscheu, daß er seine Aggressionen auf unschuldige Tiere übertrug.

Wir müssen immer daran denken, daß es persönliche Ängste und Abneigungen gibt und diese zum Menschsein gehören. Hier kann auch nicht von einem schuldhaften Verhalten die Rede sein. Es hängt einfach mit den Charaktereigenschaften des Menschen zusammen. Wenn einer der beiden Eheleute auf eine Sache besonders empfindlich reagiert, sollte der andere es nicht ignorieren oder verharmlosen, sondern sich darauf einstellen. Ich hatte in einigen Ortschaften und in Shanghai selber guten Kontakt zu einzelnen Familien, und ich habe dort die Feststellung gemacht, daß Familienkonflikte meistens auf kleinen Dingen beruhen. Und doch können gerade diese Kleinigkeiten die ganze Geduld eines Menschen aufbrauchen, wenn sie immer wieder vorkommen. Vertretet Junggläubigen gegenüber die Meinung, daß es eine wundervolle Sache ist, mit dem Ehepartner zusammenzuleben. Sagt ihnen, daß es nicht einfach ist und von daher ernst genommen werden muß. Was für den einen eine Bagatelle ist, kann beim anderen große Bedenken und Abscheu hervorrufen. Ihn in dieser Empfindung einfach zu übergehen, käme seelischer Grausamkeit gleich.

Sei nicht egoistisch

Eine andere wichtige Voraussetzung für ein glückliches Familienleben ist, daß die einzelnen Glieder der Gemeinschaft nicht auf sich selbst bezogen leben.

1. Sei darauf bedacht, den anderen zufriedenzustellen

Wenn man verheiratet ist, sollte man auch wie ein Verheirateter leben. Man sollte auf keinen Fall die Lebensweise des ehemaligen Junggesellendaseins beibehalten. Die Bibel sagt dazu: «Der Verheiratete aber sorgt für die Dinge der Welt, wie er der Frau gefalle ... die Verheiratete aber sorgt für die Dinge der Welt, wie sie dem Manne gefalle.» (1. Kor. 7,33-34) Die größte Schwierigkeit mit der eine Ehe belastet werden kann ist menschlicher Egoismus. Ich erinnere mich an einen Pastor in den USA, der im Laufe seines Lebens insgesamt 750 Paare traute. Bei jeder Heriatsansprache ermahnte er die Jungvermählten, nicht auf sich selbst ausgerichtet zu leben. Liebe, nicht Eigenliebe gehört in die Ehe. Als er dann älter war, schrieb er an jene Paare, die er einst getraut hatte, um sich nach ihrem gegenwärtigen Eheleben zu erkundigen. Über 700 lebten noch. Die Antwortbriefe enthielten ein positives Ergebnis: Die Ehen waren glücklich, denn die Eheleute hatten das eine beherzigt — nicht zuerst an sich selbst zu denken. Es sei noch dazu gesagt, daß ein solches Ergebnis für amerikanische Verhältnisse höchst ungewöhnlich war. Zu der Zeit wurde von vier Ehen eine wieder geschieden. Wir müssen es lernen, mit dem anderen zu fühlen und von ihm her zu denken — mit ihm den Schmerz und die Freude, die Angst oder die Abneigung, die Schwierigkeiten und seine Interessen zu teilen. Einer, der nur sich selbst sieht, ist für die Ehe nicht geeignet. Leute, die den anderen nicht sehen, sind Egoisten.

2. Lerne zu verzichten

Die Ehe schließt immer auch den Verzicht mit ein. Gerade wenn man darauf aus ist, den anderen zufriedenzustellen, kann man nicht nur auf die Erfüllung der eigenen Wünsche bedacht sein. Es kommt in einer Ehegemeinschaft nicht so sehr darauf an, was einem selber gefällt, sondern was auch dem anderen entspricht. Um jedoch auf den Partner eingehen zu können, muß man seinen Geschmack, seine Gedanken oder seinen Standpunkt kennen. Lerne es deshalb vom anderen her zu leben und so zu denken, daß du beide, ihn und dich selbst, verstehen kannst. Halte so weit als möglich deine eigenen Gefühle, Meinungen und Gedanken im Hintergrund. Trachte danach, den anderen zu verstehen, verleugne dich selbst und laß die Liebe zur Entfaltung kommen. Wird diesen Dingen Rechnung getragen, können in einer Ehe die auftauchenden Probleme bewältigt werden. In vielen Ehen besteht folgendes Problem: Der Herr des Hauses lebt im Glauben, daß er der Mittelpunkt sei und sich alles um ihn zu drehen habe. Er heiratete nur aus dem einen Grund, sein Leben zu erleichtern und sein Wohlergehen zu sichern. Auch eine Ehe, in der die Frau sich in den Vordergrund schiebt und bedient werden will, ist zum Scheitern verurteilt.

Gewähre Dinge

In einer Ehe ist es von nicht geringer Bedeutung, daß dem anderen ein gewisses Maß an Ruhe, Privatsphäre und eigenem Besitz zugestanden wird.

1. Sei kein «Gefängniswärter»

In vielen Familien haben die Frauen keinerlei Rechte, während in manchen modernen Ehen die Frauen die ganze Macht an sich gerissen haben. Es kommt in solchen Familien unweigerlich zu Schwierigkeiten. Will man ein guter Ehemann bzw. eine gute Ehefrau sein, muß man sich ständig vor Augen halten, daß es im Grunde möglich ist, jeden Menschen zu lieben, für einen «Gefängniswärter» jedoch keine Liebe aufgebracht werden kann. Wer möchte schon gerne als Gefangener leben? Der Wachposten an der Türe kann nicht gleichzeitig der sein, dem du in Liebe zugetan bist. Wie kannst du gerade den lieben, der dir die Freiheit nimmt? Wenn man einen Menschen gefangen hält, und dann noch Liebe von ihm erwartet, setzt man zuviel voraus. Furcht und Unbehagen werden die Liebe verdrängen, denn kein Mensch kann es ertragen, wenn man ihm seine ganze Freiheit raubt. Natürlich muß der einzelne durch die Heirat einen Teil seiner persönlichen Freiheit aufgeben, aber dies darf nicht auf radikalem Wege geschehen. Man kann dem anderen keine Selbstaufgabe abverlangen, noch für sich selbst völlige Unabhängigkeit beanspruchen. Fordert ein Ehepartner die Unterwerfung des anderen, wird er statt Liebe Furcht und Haß ernten.

2. Gott verleiht uns die Freiheit

Niemand möchte seine Freiheit verlieren. Das Freiheitsstreben ist ein Teil der menschlichen Natur. Gott selber ist es, der uns die Freiheit verleiht. Das kann schon daran erkannt werden, daß keine Mauer um die Pforten der Hölle gezogen ist und daß keine Cherubine mit feurigen Schwertern vor dem Baum der Erkenntnis von Gut und Böse stehen. Hätte Gott es verhindern wollen, daß der Mensch frei entscheiden kann, hätte er den Baum der Erkenntnis bewachen lassen, damit keiner von den Früchten hätte essen können. Gott aber tat es nicht und er beschneidet auch heute nicht die Freiheit des Menschen.

In gleicher Weise sollten nun auch die Eheleute einander das entsprechende Maß an Freiheit zugestehen, um nicht die Angst oder den Haß beim anderen hervorzurufen. In einer Familie sollte es ein Lernprozeß sein, dem anderen diese Freiheit zu gewähren. Das schließt äußere Dinge wie Zeit, Geld und persönlichen Besitz mit ein, denn durch eine Ehegemeinschaft müssen diese Dinge nicht alle absorbiert werden. Es ist wichtig, daß jeder ein bestimmtes Maß an Eigenständigkeit beibehält, sonst können schon Kleinigkeiten zu großen Problemen heranwachsen.

3. Gewähre das Recht auf Privatsphäre

Jedem Ehemann und jeder Ehfrau sollte das Recht auf eine gewisse Privatspähre zugestanden werden. Das ist durchaus berechtigt, denn es ist erlaubt, mit der einen Hand etwas zu tun, ohne es die andere wissen zu lassen (vgl. Matth. 6,3). Lerne es deshalb, die individuelle Freiheit des anderen nicht unnötig zu beschränken und trage dazu bei, durch das Gewähren eines «Privatlebens» für den anderen, die Schwierigkeiten in der Ehe herabzusetzen.

Das Lösen von Problemen

Ausgehend von der Tatsache, daß es unerreichbar ist, alle Schwierigkeiten und Auseinandersetzungen von einer Familie fernzuhalten, soll es im folgenden Abschnitt darum gehen, wie man Familienkonflikte lösen kann. Zuerst muß die Konfliktquelle gefunden und der Ursprung für Spannungen entdeckt werden. Dies setzt voraus, daß beide wirklich erwachsen und gläubig sind. Vor der Problemlösung muß der Konflikt in seinem ganzen Umfang erfaßt sein. Die Lösung beginnt mit der Bewußtmachung.

1. Eine gerechte Lösung finden

Ist die Methode der Problemlösung nicht gerecht, wird die Beseitigung des Konfliktes nicht von Dauer sein. Niemand wird aber auf die Dauer in Konflikten leben wollen. Erwarte es nicht von deinem Ehepartner, daß er diesen «langen Atem» hat. Bei zehn Christen ist höchstens einer dabei, der den Druck lange ertragen kann. Die anderen neun sind nicht so belastungsfähig. Wenn nun eines der Probleme nicht richtig gelöst wurde, wird es immer wieder auftauchen.

Als ich in Shanghai lebte, war ich mit daran beteiligt, Familienkonflikte unter Gläubigen zu schlichten. Diese wunderten sich oft, warum ein kleiner Anlaß einen solchen Wirbel zur Folge haben konnte. Ihr Unverständnis und ihre Verwunderung war auf einen Mangel an Erfahrung zurückzuführen. Die Tatsache, daß eine kleine Ursache zu einer großen Auseinandersetzung führen kann, beruht darauf, daß sich mit der Zeit kleine Dinge ansammeln und irgendwann «das Faß zum Überlaufen» bringen. Oft genügt dann ein Stichwort, um einen Streit auszulösen, wenn es schon unterschwellig jahrelang «gebrodelt» hat. Deshalb sollte man die Lösung eines Problems nicht leichtfertig oder oberflächlich angehen. Außerdem sollte sich jeder Gedanken machen, wo eine Angelegenheit in der Vergangenheit nicht ins Reine gebracht worden ist. Die «Explosion» kommt, wenn die Geduld des Menschen erschöpft ist.

2. Miteinander reden

Am besten ist es, wenn sich die Eheleute zusammensetzen und miteinander reden. Zunächst sollte kein Dritter dabei sein. In einem späteren Stadium mag es jedoch hilfreich sein. In aller Offenheit sollten sich die Ehepartner ihr Herz ausschütten. Ungut wäre es, wenn andere mehr wüßten, als der Mensch, um den es geht. Deshalb sollte nichts nach außen dringen, bevor es nicht zuhause erörtert wurde. Es kann vorkommen, daß man im Umkreis von 20 km von einem Eheproblem weiß, bevor der Ehemann es überhaupt zu Ohren bekommen hat. Eheprobleme gehören in die Ehegemeinschaft. Es sollten Gelegenheiten geschaffen werden, wo Eheleute sich aussprechen können. Wann immer eine solche Situation gegeben ist, lasse deinen Ehepartner ausreden, bevor du redest. Achte aber darauf, daß der Redende nicht das ganze Gespräch an sich reißt. Beide sollten aufeinander hören. Schon wenn man einmal richtig hinhören würde, könnten sich die ersten Lösungen anbahnen. Oft genug läuft das Gespräch jedoch so ab, daß man seinem Kummer zwar Luft macht, aber dann nicht auf das achtet, was der andere zu sagen hat. Versuche richtig hinzuhören.

Du wirst die Erfahrung machen, daß eine verfahrene Situation dann schnell wieder in Ordnung kommen kann.

Es muß bei einem Gespräch versucht werden, einen Sachverhalt möglichst objektiv darzustellen. Es soll bei dem Austausch ja um die Wahrheit gehen und nicht darum, wer recht hat. Keiner von beiden kann das Recht für sich beanspruchen, Subjektivität ist fehl am Platze. Zuerst sollten gläubige Leute miteinander reden und dann ins Gebet gehen. Die Lösung des Problems sollte im Gebet gesucht werden, indem man den HErrn bittet, einem die Augen zu öffnen für den wahren Sachverhalt. Erfahrungsgemäß ist es so, daß beim wiederholten Gebet eine Lösung bereits vorhanden ist. Die Schwierigkeit bei den meisten Ehekonflikten besteht darin, daß es zu keinem offenen Gespräch kommt. Nur dadurch kann man seine eigenen Motive erkennen und die wahren Ursachen aufgezeigt bekommen. Während den ersten Ehejahren sollten die Gelegenheiten zu solchen Aussprachen öfters wahrgenommen werden. Später mag es mit weniger gehen; die meisten Schwierigkeiten sind geklärt. Viele Eheleute haben diese Vorgangsweise mit Erfolg praktiziert.

Bekennen und vergeben

Es ist ein wesentlicher Grundsatz, daß Eheleute immer bereit sein müssen, dem anderen die eigene Schuld einzugestehen und dem anderen zu vergeben. Es sollte nicht so sein, daß die Fehler des anderen präsentiert werden, sondern so, daß man die eigenen erkennt. Die eigene Schuld sehen und dem anderen vergeben, darauf basiert eine gute Ehe.

1. Sünden bekennen

Wenn ein Christ sündigt, kann seine Sünde weder zugedeckt werden noch kann er sie einfach bereuen. Er muß sie bekennen. Es reicht nicht aus, wenn man sich im stillen vornimmt, es nie wieder zu tun oder einfach die Augen verschließt. Ein Gläubiger muß seine Schuld eingestehen, muß sagen können: «Ich habe in dieser Angelegenheit falsch gehandelt.» Jedesmal, wenn es zu einem schuldhaften Verhalten in einer Ehe kommt, müssen die Fehler bekannt und bereinigt werden.

2. Dem anderen vergeben

Wenn es an dir liegt, eine Schuld zu bekennen, dann tue es. Wie verhältst du dich aber, wenn der andere schuldig geworden ist? Denk daran, daß sich die Beziehung in der Ehe nicht von anderen Beziehungen eines Christen unterscheidet. Hat dein Gegenüber unrecht, liegt es an dir, ihm zu vergeben, anstatt es ihm nachzutragen, denn «die Liebe rechnet das Böse nicht zu» (1. Kor. 13,5). Liebe registriert nicht jeden Fehler, sondern sie vergibt. Ist eine Sünde einmal vergeben, ist sie auch vergessen. Liebevolles Verhalten ist etwas anderes als das Verhalten von Petrus in Matth. 18, wo er jede Sünde gezählt hat, um zu erfahren, wie oft er vergeben müsse. Wirkliche Vergebung ist nicht nachtragend. Eine Ehe kann ohne Vergebung nicht glücklich sein.

Die Hilfe der Gemeinde

Wie schon erwähnt, ist es am besten, Eheschwierigkeiten unter den Eheleuten selber bzw. in der Familie zu klären. Dritte hinzuzuziehen vergrößert oft nur das Problem. Es kann jedoch vorkommen, daß du dich gedrängt siehst, die Gemeinde von irgend einer Sache in Kenntnis zu setzen. Du solltest diesen Schritt aber nicht eigenmächtig tun, sondern das Einverständnis des anderen ist Voraussetzung. Es soll nicht darum gehen, den Konflikt vor der Gemeinde auszutragen, sondern sie vielmehr um eine helfende Stellungnahme bitten. Beide, Mann und Frau, sollten vor die Gemeinde hintreten und ihre Sache vortragen. Beide sollten freiwillig kommen und sagen: «Wir sind Christen. Wir wollen mit Hilfe der Gemeinde feststellen, wo wir falsch liegen. Beide wollen wir sagen, wie es uns ums Herz ist.» Suchen Eheleute auf diese Weise bei den Geschwistern im HErrn Hilfe, wird das Problem leicht zu lösen sein. Ein solches Zusammenkommen muß von dem Wunsch getragen sein, den wahren Grund für die verfahrene Situation zu finden und nicht, um dem anderen eins auszuwischen.

Zusammen vor Gott leben

Um glücklich zusammen leben zu können, muß ein Paar es verstehen, in positiver Weise Gemeinschaft mit Gott zu haben. Besonders Eltern mit Kindern brauchen diese Zeit der Stille und des Gebets miteinander. Jedes Ehepaar braucht Zeit, gemeinsam auf Gott zu hören und Gelegenheit, sich mit Glaubensfragen zu beschäftigen. Beide müssen sich im Lichte Gottes sehen wollen und dürfen sich nicht gegenseitig etwas vormachen. Es muß wirkliche Zweierschaft entstehen können. Verbringe also zusammen mit deinem Lebensgefährten Zeit im Gebet und im Austausch über Glaubensfragen. Deine Familie wird nur dann in Ordnung sein, wenn ihr beide Gemeinschaft mit Gott habt.

Eine intakte Gemeinde besteht aus intakten Familien

Wir haben das oben Erwähnte angesprochen, damit junge Brüder und Schwestern Gelegenheit haben, an der Gestaltung ihres Familienlebens zu arbeiten. Ich hoffe doch, daß niemand sorglos und leichtfertig vorgeht. Gedankenlosigkeit wird der eigenen Familie und der Gemeinde Schaden bringen. Wenn jemand mit seinem Ehepartner in Frieden und gegenseitigem Einvernehmen leben kann, wird er es auch in der Gemeinde können. Wie kann einer mit seinem Gefährten in Streit leben und gleichzeitig das Halleluja singen? Wer ein gutes Familienleben führt, wird zu einem guten Gemeindeleben beitragen. Eine intakte Gemeinde wird von intakten Familien getragen und eine gute Ehe wird maßgebend dabei beteiligt sein, Schwierigkeiten in der Gemeinde zu vermeiden.

Elternschaft

«Ihr Kinder, seid gehorsam euren Eltern in dem HErrn; denn das ist billig. Ehre deinen Vater und deine Mutter, das ist das erste Gebot mit Verheißung: Auf daß es dir wohl gehe und du lange lebest auf Erden. Und ihr Väter reizet eure Kinder nicht zum Zorn, sondern ziehet sie auf in der Zucht und Ermahnung des Herrn.» (Eph. 4, 1-4)
«Ihr Kinder, seid gehorsam euren Eltern in allen Dingen, denn das ist dem HErrn wohlgefällig! Ihr Väter, reizet eure Kinder nicht, damit sie nicht unwillig werden.» (Kol. 3, 20-21)

Eine grosse Verantworung

Das AT scheint, außer in den Sprüchen, nicht viel über Elternschaft zu lehren, während im NT Paulus konkrete Anweisungen über das Verhalten der Eltern gibt. Obwohl das NT sich auch an die Kinder richtet, sind doch vor allem die Eltern angesprochen. In beiden Bibelabschnitten, Eph. 6 und Kol. 3, sind die Anweisungen für die Eltern ausführlicher und bestimmter. Gott scheint den Eltern mehr Beachtung zu schenken als den Kindern, wenn es um deren Entwicklung geht. Viele müssen es von Grund auf lernen, ein brauchbares Elternteil zu werden. Nimmt man alle Bibelstellen, die von der Elternschaft reden, zusammen, würde man grob gesagt, folgende Aussage erhalten: Kinder müssen in der Zucht und Ermahnung des HErrn aufgezogen werden. Außerdem soll man sie nicht reizen, weil sie sonst unwillig werden. Um dies zu erreichen, müssen Eltern es lernen, sich selbst zu beherrschen und müssen in den Geboten und Lehren Christi zuhause sein. Das alles will uns Paulus zeigen.

Junge Gläubige, die ans Heiraten denken oder noch nicht lange verheiratet sind, sollten wissen, daß es schwierig ist, ein guter Ehepartner zu sein. Noch schwieriger aber ist es, die Vater- und Mutterrolle gut auszufüllen. Bei der Heirat geht es vornehmlich um den anderen und sich selbst. Bei der Elternschaft greift man jedoch über sich selbst hinaus und lebt für andere. Bei der Ehe hat man das Glück eines Menschen im Auge, bei einer ganzen Familie muß man an das Wohlergehen einer weiteren Generation denken. Die Zukunft der Kinder hängt ab von den Eltern. Von daher haben Vater und Mutter eine große Verantwortung. Gott gibt den Eltern Körper, Seele, Gedanken, Leben und Zukunft der Kinder in ihre Hand. Kein Mensch kann das Los eines anderen Menschen so sehr bestimmen wie es Eltern bei ihren Kindern vermögen. Man kann fast sagen, daß sie einen Einfluß darauf haben, ob ihre Kinder in den Himmel oder in die Hölle kommen. Wie die Ehe einem Lernprozeß unterworfen ist, so muß auch die Elternschaft gelernt werden. Die Verantwortung der Eltern mag sogar noch höher sein als die zweier Eheleute. Wollen wir nun etwas näher darauf eingehen, wie man als Christ seine Elternschaft bewältigt.

Sich selbst beschränken

Alle Eltern sollten sich um ihrer Kinder willen beschränken und aufgrund ihres Glaubens in Heiligung leben.

1. Der Herr schränkte sich selbst ein
Was bedeutet es, in Heiligung zu leben? Der HErr schränkte sich um unseretwillen ein und verzichtet auf Dinge, die uns zum Fallstrick hätten werden können. In seiner Heiligkeit und Sündlosigkeit hätte er Dinge tun können, die ihm nicht geschadet hätten; — weil er aber um unsere Schwachheit wußte, hat er darauf verzichtet um uns nicht in Versuchung zu bringen. Die Schwachheit der Jünger schränkte die Freiheit des HErrn ein. Er hatte die innere Freiheit, viele Dinge zu tun. Weil er aber wußte, daß ihn die Jünger mißverstehen und dadurch verunsichert würden, ließ er es sein.

2. Persöhnlich beschränken
In ähnlicher Weise sollten auch die Eltern um ihrer Kinder willen auf manches verzichten. Das heißt, daß sie, obwohl sie an sich die Freiheit hätten zu handeln, es aus Liebe zu ihren Kindern nicht tun. Es gibt beispielsweise viele Worte, die in Gegenwart von Kindern nicht erwähnt werden sollten. Von dem Tag an, wo ein Kind in eine Familie hineingeboren wird, sollte diese Beschränkung von Seiten der Eltern einsetzen. Wenn einer sich selbst nicht unter Kontrolle hat, wie kann er dann seine Kinder recht führen? Wie kann einer seine Kinder an der Hand nehmen, wenn er sich selbst

nicht in der Hand hat? Ein Mensch, der keine Kinder hat, schadet vor allem sich selbst bei dem Verlust seiner Selbstbeherrschung. Wer hingegen Kinder hat, zerstört ihr Leben gleichermaßen. Deshalb sollte ein Christ, sobald er die Elternschaft antritt, auch mit der Selbstbescheidung beginnen und den Verzicht lernen. Ein Leben lang werden zwei, vier oder mehr Augenpaare von Kindern genau beobachten, was die Eltern tun, und selbst wenn die Eltern nicht mehr leben, werden die Eindrücke bleiben.

3. Sich hohe Ziele stecken

Schon bei der Geburt eines Kindes sollten sich die Eltern ganz dem HErrn weihen und ein geistliches Niveau für sich selbst, für ihr Familienleben, ihr Benehmen, ihr Urteilsvermögen, ihre Werte und ihr Glaubensleben festsetzen. Dieses Niveau sollte dann gehalten werden, um sich selbst und die Kinder vor einem Fehltritt zu bewahren. Viele Kinder werden durch ihre eigenen Eltern verdorben, weil diese keinen Wertmaßstab haben und weder Ideale noch geistliche Maßstäbe besitzen.

Ich hoffe, es ist uns allen klar, daß die Kinder später Dinge so beurteilen und werten, wie sie es von Kindesbeinen an bei den Eltern beobachtet haben. Es kann sein, daß ein Kind hört oder auch nicht hört, was die Eltern sagen; was es jedoch bei ihnen gesehen hat, wird es annehmen und nie vergessen. Eltern sollten sich immer vor Augen halten, daß ihre eigenen Wege in den Kinder fortgesetzt werden. Bevor man Kinder hat, ist es eher einmal möglich, sich während der Arbeit oder Freizeit von Stimmungen treiben zu lassen. Sobald Kinder da sind, tut Selbstbeherrschung not. Ob du dich in gehobener Stimmung befindest oder eher niedergeschlagen bist, — du mußt das Niveau halten, denn die Zukunft deines Kindes hängt von deinem momentanen Verhalten ab. Ich kann mich daran erinnern, wie ein Bruder im HErrn, als sein Sohn in Schwierigkeiten geraten war, sagte: «Er ist ich, und ich bin er.» Ein solcher Ausspruch trifft den Sachverhalt genau. Es kommt öfters vor, daß Eltern sich mit ihren Kinder identifizieren, wenn diese in irgendeiner Not stecken. Sie sehen sich in ihren Kinder wieder. Es ist mir ein Anliegen, allen Neu-zum-Glauben-Gekommenen ans Herz zu legen, daß sie sich als Eltern ganz Gott übergeben. Sie sollten die Seele, das Leben und die Zukunft ihrer Kinder dem HErrn anbefehlen und ansonsten im Glauben und Vertrauen leben. Es gibt genug Aufgaben, die man in ein oder zwei Jahren ausführen kann, aber die Elternschaft zählt zu den Aufgaben, die ein Leben lang da sind. Es gibt hier keine zeitliche Beschränkung.

4. Auf die Kinder achthaben

Weder die bei der Arbeit begangenen Fehler, noch das Fehlverhalten in der Ehe können mit Erziehungsfehlern verglichen werden. Warum? Als Erwachsener ist man in der Lage sich selbst zu beschützen und sich gegebenenfalls zur Wehr zu setzen. Das Kind hingegen, das einem geschenkt ist, ist wehrlos und schutzlos. Wie würde es aussehen, wenn Eltern zu Gott sprächen: «Fünf Kinder hast du uns gegeben, und drei davon haben wir verloren.» Oder wenn sie sagen würden: «Zehn hast du mir anvertraut, und acht von ihnen habe ich nicht mehr!» Die Gemeinde kann nicht wachsen, wenn man auf die Jungen im Glauben keine Acht gibt, und das Evangelium kann sich nicht über die Erde ausbreiten, wenn man sich nicht um den «Nachwuchs» kümmert. Wenigstens deine eigenen Kinder solltest du deshalb zum HErrn führen. Sie nicht in der Zucht und Ermahnung des HErrn aufzuziehen, ist falsch. Es fällt in den Verantwortungsbereich der Eltern, daß die Kinder im Glauben an Gott zunehmen.

Vergebt mir, wenn ich dies so sage, aber der schwächste Punkt in der Gemeinde bilden die Eltern. Niemand leitet die Eltern an und die Kinder können ihre Eltern schlecht unterrichten. Wenn man sich selbst gegenüber nicht hart sein kann, wird man auch seinen Kindern gegenüber zu nachgiebig sein. Wie wichtig ist es deshalb, daß sich Eltern beherrschen können und es verstehen, sich in ihrer Freiheit einzuschränken. Wie können sie sonst vor Gott bestehen und Rechenschaft über die ihnen anvertrauten Seelen geben?

Mit Gott leben

Eltern müssen nicht nur ihre Verantwortung den Kindern gegenüber erkennen und sich in ihrer Lebensweise auf die Kinder einstellen, sondern sie sollten es auch lernen, ihren Weg bewußt mit Gott zu gehen.

1. Ein geheiligtes Leben führen

In der Heiligung sollte ein Mensch nicht erst dann leben, wenn er Kinder hat. Heiligung ist ein Bestandteil des Glaubens eines jeden

Christen. Auch Jesus war nicht erst im Zusammenhang mit den Jüngern der Heilige und Reine, sondern er war schon vorher sündlos. Eltern, die um ihrer Kinder willen auf vieles verzichten, sollten auch sonst ganz dem HErrn nachfolgen, denn Kinder haben ein feines Gespür, ob etwas echt ist oder nicht. Man kann sich selbst betrügen, aber die eigenen Kinder werden einen durchschauen. Mann kann noch so sehr versuchen, in ihrer Gegenwart ein bestimmtes Verhalten anzunehmen, sie werden bald dahinterkommen. Es reicht nicht aus, um ihretwillen einen gewissen Verzicht auf sich zu nehmen. Der Verzicht muß von Innen heraus kommen und Bestandteil des Glaubens sein. Er muß auf die Trennung mit der Welt zurückzuführen sein. Wir sollten so dem HErrn nachfolgen, wie Henoch es tat.

2. Henoch wandelte mit Gott, als er seinen Sohn gezeugt hatte

«Henoch war 65 Jahre alt, als er den Methusala zeugte; und Henoch nachdem er den Methusala gezeugt, wandelte er mit Gott 300 Jahre lang und zeugte Söhne und Töchter.» (1. Mose 5,21-22) Wir wissen überhaupt nichts über Henoch vor seinem 65. Lebensjahr. Erst dann wandelte er 300 Jahre mit Gott, bis er hinweggenommen wurde. Dieser Bericht im AT ist sehr bedeutsam. Erst als sich Henoch vor die Aufgabe gestellt sah, die Verantwortung für eine Familie zu übernehmen, wurde ihm seine eigene Unzulänglichkeit bewußt. Er sah, daß ihm die Last der Verantwortung zu schwer werden würde, und so wandelte er von da an mit Gott. Der biblische Bericht sagt uns nicht, daß er nur in Gegenwart seines Sohnes treu dem HErrn nachgefolgt wäre, denn dieser wandelte von sich aus mit Gott. Henoch war davon überzeugt, daß er nur mit Hilfe des HErrn seinen Sohn recht führen kann, doch sein Wandeln mit dem HErrn beschränkte sich nicht auf die Erziehung seines Sohnes, sondern hielt 300 Jahre an. Die Elternschaft hindert Menschen nicht an der Nachfolge; im Gegenteil, der Mensch wird geradezu genötigt, nach Gott zu fragen, wenn er Kinder hat. Es war «der Vater», der zuerst freudig mit Gott wandelte und auch als er weitere Kinder hatte, in der Nachfolge treu blieb. Das Übernehmen von Verantwortung für die Familie offenbart die geistliche Haltung eines Menschen Gott gegenüber.

3. Nicht in zwei Welten leben

Willst du deine Kinder zum HErrn führen, so mußt du selbst in der Nachfolge stehen. Glaube nicht, daß sie in den Himmel kommen, wenn du mit dem Finger darauf zeigst. Du mußt selbst vorangehen und sie zum Gehorsam anhalten. Die Misere in vielen christlichen Familien besteht darin, daß die Eltern von den Kindern mehr erwarten, als sie selber bereit sind zu geben. Sie erwarten von den Kinder, daß sie die Welt nicht lieb haben und dem HErrn nachfolgen und selber bleiben sie zurück. Eine solche Erwartungshaltung bewirkt nichts. Die Eltern müssen dieselbe Konsequenz haben wie die Kinder. Sie können unmöglich mehr fordern, als sie selbst bereit sind zu tun. Dabei kann es vorkommen, daß Eltern ihre Kinder als Vorbilder in Glaubensdingen nehmen müssen. Einmal war ich Zeuge davon, wie ein Kind von seiner Mutter wegen einer Lüge geschlagen wurde. Tatsache war nun, daß beide Elternteile logen, was ich öfters schon bemerkt hatte. Ihr Kind jedoch wurde gezüchtigt, weil es im Grunde das schlechte Gewissen der Eltern wachrief. Nicht die Lüge, sondern das sich dabei ertappen lassen, war verwerflich. Die fehlerhafte Lügentechnik wurde bestraft. Den Eltern ging es darum, ob eine Lüge aufgedeckt wurde oder nicht. Wurde sie entdeckt, wurde der Junge bestraft.

Wie kann man Kinder erziehen wollen, wenn man sie an ein solches «Doppelleben» gewöhnt? Kann man etwas von ihnen fordern, was man selbst nicht bereit ist zu tun? Was ist dann noch der Sinn eines Gebots oder eines Verbots? Nichts kann ja erreicht werden, wenn die Eltern eine bestimmte Lebensart für sich beanspruchen und für die Kinder eine andere Lebensweise wählen. Was Kinder in einem entdecken, werden sie übernehmen. Sehen sie statt Ehrlichkeit Falschheit, kann man sie noch so lange schlagen —, es wird alles nur schlimmer. Kinder ahmen die Vorbilder der Erwachsenenwelt nach und übernehmen die Untugenden der Erwachsenen, wie sie mit 18 das Rauchen übernehmen. Es kann sein, daß ein Kind lange nicht die Unarten zeigt, die es zu Hause gesehen hat, bis es dann selber erwachsen wird und auf einmal die alten Dinge zum Vorschein kommen. Kinder müssen in der Weise erzogen werden, wie es bei Henoch der Fall war. Wandeln gläubige Eltern nicht mit Gott, werden ihre Kinder in die Welt zurückgehen.

Kinder lieben, was ihre Eltern lieben und hassen, was sie hassen. Sie werden das wertschätzen, was für die Eltern wichtig war und das verdammen, was sie verdammten. Eltern und Kinder sollten deshalb auf derselben Stufe stehen, was die Konsequenz des Glaubens betrifft. Maßstäbe und Richtlinien werden automatisch übernommen, und wenn Eltern ein tiefes Verlangen haben, dem HErrn nachzufolgen, werden es auch die Kinder haben. Ich kannte eine Familie, in der der Vater ein Namenschrist war. Er ging niemals in die Kirche, verlangte aber von seinen Kindern, daß sie jeden Sonntag den Gottesdienst besuchten. Dabei gab er ihnen jedesmal ein Opfergeld mit, und während sie fort waren, spielte er mit seinen Freunden Karten. Die Folge davon war, daß die Kinder das Geld für Süßigkeiten ausgaben, gerade noch rechtzeitig in den Gottesdienst schlichen, um dem Vater die Predigt erzählen zu können und danach sich gleich wieder zum Spielen davonstahlen. Sie konnten essen und spielen und ihrem Vater berichten. Diese Geschichte stellt natürlich einen Sonderfall dar.

Wenn Gott dir Kinder anvertraut, hoffe ich, daß du es einsiehst, daß du auf der ganzen Linie konsequent sein mußt. Wenn du einmal eine bestimmte Linie eingeschlagen hast, mußt du dabei bleiben. Deine Kinder beobachten dich. Oft hören sie nicht, was du ihnen sagst, aber sie verfolgen deine Handlungen. Sie durchschauen dich und erkennen deine wahren Motive. Wie wunderbar ist das Bild von Henoch, daß er mit dem HErrn 300 Jahre wandelte, nachdem er Methusalem gezeugt hatte. Er zeugte viele Söhne und Töchter und blieb doch dem HErrn treu. Hier sehen wir einen wirklichen Vater, einen Mann ohne Falschheit, dessen Handeln Gott wohlgefiel.

Eltern müssen sich einig sein

Die Beständigkeit einer Familie wird durch die Einigkeit der Eltern gewährleistet. Aufgrund ihres Glaubens müssen sie gemeinsam die Bereitschaft aufbringen können, ihre Handlungsfreiheit zu beschränken und eine konsequente Linie zu verfolgen. Es ist nicht möglich, daß die Mutter oder der Vater in verschiedenen Dingen ihre bzw. seine «Privatmeinung» hat. Oft tragen Eltern zum fehlerhaften Verhalten ihrer Kinder bei, weil sie selbst nicht zusammenstehen und einer Meinung sind. Für Kinder ist es verständlicherweise schwierig, einen bestimmten Weg zu gehen, den die Eltern selbst nicht mit Entschlossenheit zusammen beschreiten. Sagt der Vater JA und die Mutter NEIN, werden die Kinder dem gehorchen, der am nachsichtigsten ist. Dies wiederum hat aber zur Folge, daß der Graben zwischen den Eheleuten tiefer wird.

Ich kannte ein älteres, gläubiges Paar, bei dem jeder seine eigene Vorstellung hatte. Sie taugten weder als Eheleute noch als Eltern etwas, denn ihre Kinder wußten schon vorher, zu wem sie gehen mußten, wenn sie eine bestimmte Sache erreichen wollten. Wenn die Mutter nach Hause kam und ihre Kinder fragte, warum sie dieses oder jenes getan hatten, antworteten sie, daß sie den Vater gefragt hätten. Manchmal war es dann genau umgekehrt. So spielten die Kinder ihre Eltern gegeneinander aus und genossen somit eine erhebliche Freiheit.

Schon vor 20 Jahren sagte ich den Eltern, daß ihre Kinder nicht an Gott glauben würden, wenn ein solcher Zustand beibehalten würde. Damals widersprachen sie mir. Heute sind all ihre Kinder erwachsen, sind auf höheren Schulen oder studieren im Ausland, aber keines von ihnen folgt dem HErrn nach. Es ist wirklich sehr wichtig, daß Eltern eine gemeinsame Linie verfolgen, wenn es zu Auseinandersetzungen mit den Kindern kommt. Sie müssen ihren Kinder quasi als «eine Person» entgegentreten können. Egal um was es sich dreht, Eltern sollten auf jeden Fall das Kind zunächst fragen, ob es schon beim anderen Elternteil war und was dieser dazu meinte. Kommt das Kind zur Mutter und berichtet was er Vater sagte, so ist die Mutter dazu angehalten, ebenso wie der Vater zu antworten. Hier kann sogar die Frage nach richtig oder falsch in den Hintergrund treten. Wichtig ist, daß die Einheit der Eltern bewahrt bleibt. Besteht ein Grund zum Widerspruch, sollte dieser dem anderen Ehepartner vorgebracht werden. Es dürfen keine Schlupflöcher für die Kinder freibleiben, sonst machen sie am Ende, was ihnen gerade so beliebt. Kinder suchen diese Schlupflöcher, wo sie nur können. Du hast Gelegenheit und mußt die Gelegenheit ergreifen, deine Meinungsverschiedenheiten allein mit deinem Ehepartner auszubügeln. Gestatte es nicht, daß die Kinder diese schwachen Stellen entdecken und ihren Profit daraus schlagen. Wenn du das alles beachtest, haben es deine Kinder leichter, dem HErrn nachzufolgen.

Die Rechte der Kinder achten

Ein wesentlicher Aspekt, den wir in der Bibel in Bezug auf Kinder finden ist, daß sie den Eltern von Gott gegeben sind. Folglich sind sie Gottes Anleihe, über die er eines Tages Rechenschaft von dir fordern wird. Es ist nicht möglich zu sagen: «Dieses Kind gehört mir» in dem Sinne, daß es ausschließlich eigener Besitz wäre. Man hat nicht uneingeschränkte Macht über sein Kind, bis es erwachsen ist. Eine solche Haltung hätte einen heidnischen Ursprung. Der christliche Glaube geht nie davon aus, daß Kinder «Besitz» wären, sondern betrachtet Kinder vielmehr als eine göttliche Gabe. Er bestätigt oder unterstützt nicht die diktatorische elterliche Gewalt über die Kinder.

1. Elterlicher Gewalt sind Grenzen gesetzt

Es gibt Leute, die immer noch davon ausgehen, daß gläubige Eltern fehlerlos sind, aber es ist leider eine Tatsache, daß die Welt schon zu viele schlechte Eltern gesehen hat. Wir müssen uns selbst eingestehen, daß wir als Eltern viele Fehler machen. Wir dürfen nicht in dem falschen Glauben leben, wir wären perfekt, denn dann würden wir dazu neigen, unsere elterliche Gewalt unbegrenzt einzusetzen. Wir müssen daran denken, daß wir kein absolutes Verfügungsrecht über unsere Kinder haben und auch die Seele eines Kindes letztlich nie «im Griff» haben. Seine Seele ist unserem Eingriff entzogen, und es ist jedes Menschen eigene Entscheidung, ob er den Himmel oder die Hölle wählt. Hier steht das Kind in der Verantwortung vor Gott. Man kann ein Kind nicht wie einen Gegestand oder Besitz behandeln. Gott beschränkt die elterliche Gewalt, denn uneingeschränktes Verfügungsrecht gibt er dem Menschen über Gegenstände, nicht aber über Seelen. Niemand hat das Recht, Seelen zu manipulieren.

2. Frustration nicht an den Kindern abreagieren

Mit allen möglichen Leuten hat man einen freundlichen Umgang. Man findet den angemessenen Ton bei Freunden, Verwandten und Arbeitskollegen. Besonders freundlich und höflich verhält man sich seinem Vorgesetzten gegenüber. Die Kinder hingegen werden oft behandelt, als wären sie nichts. Dabei wird ganz vergessen, daß sie eine Gabe Gottes sind. Man reagiert seine ganzen Aggressionen an ihnen ab und wählt den Umgang mit ihnen, der einem gerade paßt. Nach außen sieht es dann so aus, als könnte man zu allen freundlich und herzlich sein, nur zu seinen eigenen Kindern nicht. Bei ihnen lädt man seinen ganzen Zorn ab. Ich kenne einige Eltern, die sich so verhalten. Sie glauben wahrscheinlich, daß sie nicht ganz Mensch sind, wenn sie nur freundlich, zuvorkommend und höflich sind und ihnen nicht ab und zu der «Kragen platzt». Wie können sie ihrem Ärger am besten Luft machen? Laden sie ihn bei den Arbeitskollegen ab, werden sie gemieden, gehen sie zum Chef damit, werden sie entlassen, reagieren sie sich bei den Freunden ab, sind sie abgeschrieben. Der einzige Ort, wo sie es sich leisten können, sich einmal richtig gehen zu lassen, ist zu Hause bei den Kindern. Hier erfahren sie am wenigsten Repressalien. Das ist der Grund, warum viele Eltern ihren Kindern gegenüber solche Wutausbrüche haben.

Verzeiht, wenn ich hier etwas energisch werde, aber ich habe zu viele Eltern erlebt, die ihre Kinder anschrien und sich fast zur gleichen Zeit zu mir wandten und mir etwas mehr von ihrer Speise anboten. Wie sollte es mir da noch schmecken? Hier war es doch so offensichtlich, daß die Kinder eine Art Ventil für angestaute Aggressionen waren. Warum hat ihnen Gott Kinder geschenkt?

Um ihren Ärger an ihnen auszulassen? Gott möge uns gnädig sein! Gott machte die Rechte der Kinder nie zunichte, sondern achtete eher darauf, daß sie nicht in ihrer Freiheit und Entwicklung beschnitten wurden. Als er das Kind dem Menschen gab, löste er nicht seine individuelle Persönlichkeit auf. Es steht dem Menschen deshalb auch nicht zu, das Kind zu schelten oder zu schlagen, wie es ihm gerade beliebt. Ein solches Verhalten wäre entschieden unchristlich. In den Augen Gottes gilt der gleiche Maßstab für Gut und Böse, den Eltern und den Kindern. Gott sieht dich nicht anders als deine Kinder. Erkennst du das? Ich möchte den noch Unerfahrenen im Glauben sagen, daß sie ihre Kinder liebevoll und sanft behandeln müssen. Grobheit und Nachlässigkeit gehören nicht in die Kindererziehung. Grobes und sorgloses Verhalten den Kindern gegenüber, legt ihnen ebenfalls ein undiszipliniertes Verhalten nahe. Jeder, der im Glauben wachsen will, muß es lernen, sich selbst in der Hand zu haben; besonders, wenn es um seine Kinder geht. Eine solche Selbstbeherrschung ist schon aufgrund der Verletzlichkeit einer kindlichen Seele von Nöten. Egal, wie klein und schwach ein Kind ist, es hat seine eigene Persönlichkeit und Individualität. Es wurde dem Menschen von Gott gegeben und niemand hat das Recht, Gottes Gabe anzutasten. Ein Kind ist eine Leihgabe Gottes. Sein Empfinden für Gut und Böse wird durch das der Eltern geprägt. Eltern haben nicht das Recht ihre Aggressionen bei ihren Kindern abzuladen. Ja, es ist überhaupt falsch, aus der Fassung zu geraten und Kinder zum Objekt eigener Gefühlsausbrüche zu machen. Auch Kindern gegenüber sollte man sich angemessen verhalten und ein «Nein» sollte ein «Nein» und ein «Ja» ein «Ja» sein. Der größte Feigling ist der, der das Schwache und Hilflose unterdrückt.

3. Den Kindern nicht eine Last werden

Zwei Mädchen besuchten dieselbe Schule. Eines Tages erzählte die eine ihrer Schulkameradin: «Wenn es nötig wäre, würde mein Vater für mich in den Tod gehen.» Nur durch diesen Ausspruch bekommt man schnell eine Vorstellung, zu welcher Art von gläubigen Vätern der Vater dieses Mädchens gehörte. Das andere Mädchen kam ebenfalls von einem gläubigen Elternhaus, war aber sehr streng von ihrem Vater erzogen und wurde oft ohne Grund von ihm angeschrieen. Als sie einmal in der Schule eine christliche Botschaft hörte und beim Nachhausekommen von ihrem Vater gefragt wurde, was sie denn gelernt hätte, antwortete sie: «Ich weiß jetzt, daß du die Last bist, die mir der HErr zu tragen gegeben hat.» Ist das nicht das Problem von vielen Kindern, daß sie ihre eigenen Eltern als die Bürde ansehen müssen, die ihnen von Gott auferlegt wurde? In diesem eben erwähnten Fall waren ja beide Väter Christen, aber welch ein Unterschied bestand zwischen ihnen! Eltern sollten langsam tun und nicht vorschnell den Gehorsam ihrer Kinder fordern. Zuerst sollten sie es lernen, in den Augen Gottes gute Eltern zu sein, denn wie kann einer ein guter Christ sein, wenn er es nicht versteht, seine Kinder zu erziehen? Gott hat den Kindern Eltern gegeben, aber nicht, damit ihnen dadurch eine Last auferlegt wird. Es ist ein notwendiger Lernprozeß für die Eltern, daß sie die individuelle Freiheit und seelische Entfaltung der Kinder fördern und bewahren.

Die Kinder nicht zum Zorn reizen

Paulus zeigt uns deutlich auf, daß Eltern ihre Kinder nicht unnötig provozieren sollen.

1. Im Autoritätsstreben zurückhaltend sein

Was ist mit dem Ausspruch: «Kinder zum Zorn reizen» gemeint? Es bedeutet, daß man im Übermaß seine Autorität, seine finanzielle oder körperliche Überlegenheit den Kindern gegenüber ausspielt. In fast allen Gebieten ist ja der Erwachsene dem Kind überlegen. Ein Kind kann von unserer finanziellen Überlegenheit erdrückt werden, wenn wir uns etwa so äußern: «Wenn du nicht auf mich hörst, wird dir das Taschengeld gestrichen» oder «Wenn du nicht das tust, was ich sage, bekommst du keine Kleidung und Nahrung mehr.» Durch die Tatsache, daß das Kind in materieller Abhängigkeit zu dir steht, ist es ein leichtes für dich, es zu erpressen. Oder wir machen das Kind durch unsere physische Stärke oder Willenskraft unterwürfig. So reizen wir unsere Kinder zum Zorn. Man unterdrückt das Kind so sehr, daß es sich nur noch den Tag der Unabhängigkeit herbeisehnt. Wenn der Tag kommt, wo man das Elternhaus verlassen kann, wirft es alle Fesseln von sich und frönt der totalen Freiheit.

Es ist mir ein gläubiger Mann bekannt, dessen Vater das Glücksspiel betrieb, zu Hause rauchte und sogar öffentliche Gelder unterschlug, aber jeden Sonntag den Gottesdienst besuchte. Seine Kinder zwang er mitzugehen. Weigerten sie sich, wurden sie ernsthaft bestraft. Später bekannte er, daß er sich während dieser Zeit gelobt hatte, den Gottesdienst nicht mehr zu besuchen, sobald er finanziell unabhängig geworden sei. Gott sei Dank, wurde er vorher gerettet. Sonst hätte auch er zu jenen gehört, die sich durch einen antichristlichen Geist auszeichnen. Das ist eine ernste Angelegenheit. Es kann einer nicht selbst ablehnend sein und zur gleichen Zeit seine Kinder zum Glauben anhalten. Er wird sie dadurch nur zum Zorn reizen. Pochen Eltern ungehemmt auf ihre Autorität, werden sie an der Verhärtung ihrer Kinder Schuld tragen.

Ich kenne eine Person, die immer noch ungläubig ist, obwohl sie als Kind dazu gezwungen wurde, zu Hause und in der Missionsschule die Bibel zu lesen. Ich sage nicht, daß Eltern ihre Kinder nicht zum Bibellesen anhalten sollten. Was ich aber sagen muß ist, daß sie eine Anziehungskraft auf ihre Kinder ausüben müssen.

Wie kannst du ihnen die Herrlichkeit des HErrn zeigen, wenn du sie nur zwingst und unter Druck setzt. Die Mutter des oben genannten Jungen war nur ein Namenschrist und hatte eine schreckliche Wesensart. Doch zwang sie ihren Sohn zur Bibellektüre und zum Besuch einer Missionsschule. Eines Tages fragte sie ihr Sohn, wann er denn endlich mit dem Bibellesen aufhören könne, worauf ihm seine Mutter antwortete: «Sobald du deinen Oberschulabschluß hast.» Nachdem der junge Mann seine Abschlußprüfung bestanden hatte, ging er in den Hinterhof und verbrannte seine drei Bibelausgaben. Reize deine Kinder deshalb nicht zum Zorn.

Du mußt es lernen, ihnen Liebe und Freundlichkeit entgegenzubringen. Wichtig ist es, ein Vorbild für sie zu sein und eine Anziehungskraft auf sie auszuüben. Wende deine Autorität mit Bedacht an, denn ein Mißbrauch ruft den Widerstand des Kindes hervor.

2. Kindern Anerkennung zeigen

Haben Kinder eine Sache gut gemacht, sollten es die Eltern an Anerkennung und Lob nicht fehlen lassen. Es gibt Eltern, die es nur verstehen, ihre Kinder zu tadeln oder zu schlagen. Das entmutigt und macht selbst die Kinder unwillig, die an sich den Wunsch haben, gut und brav zu sein. Paulus sagt: «Reizet eure Kinder nicht, damit sie nicht unwillig werden.» Kindern steht Lob und Ermutigung zu, wenn ihr Verhalten oder ihre Tat gut war. Lob ist genauso wichtig wie Tadel. Eine Einseitigkeit bei der das erstere fehlt, führt zur Verhärtung des jungen Menschen.

Ich las einmal die Geschichte eines jungen Mädchens, das von seiner Mutter nur Schelte bekam. Das Kind jedoch war von Natur aus gutmütig, und weil es die Lieblosigkeit seiner Mutter deutlich empfand, strengte es sich eines Tages besonders an, der Mutter zu gefallen. Beim Schlafengehen entkleidete die Mutter ihre Tochter und verließ das Zimmer. Daraufhin rief die Tochter ihre Mutter zurück, ohne den Grund ihres Rufens anzugeben. Als die Mutter erneut das Schlafzimmer verließ und wieder gerufen wurde, fragte sie ihre Tochter nocheinmal nach dem Grund ihres Rufens. Diese aber antwortete nur: «Mutter, hast du mir nichts zu sagen?» Zwei Stunden weinte das Kind, als die Mutter, ohne etwas gesagt zu haben, wieder gegangen war. Wie wenig hatte die Mutter ein Gespür für das Anliegen ihrer Tochter und wie gefühllos war sie, indem sie ihr Kind ständig schalt und schlug.

Wie gesagt, gibt es im NT mehr Aufrufe an Eltern, als an Kinder. Das ist wohl auch deshalb so, weil die Eltern im Grunde nur die Korrektur durch Gott haben, während Kinder ja von «der ganzen Welt miterzogen» werden. Unzweideutig sagt uns die Bibel, daß Eltern durch Gefühlsarmut ihre Kinder leicht reizen und unwillig machen können. Der Stand der Eltern ist der schwerste von allen und verlangt am meisten Beherrschung und Konzentration. Sei deshalb feinfühlig und empfindsam.

Eine korrekte Rede führen

Was Eltern ihren Kindern sagen, ist von höchster Bedeutung, denn ihre Worte zählen soviel wie ihr vorbildliches Handeln.

1. Keine leeren Versprechungen machen

Sage deinen Kindern nichts, was du nachher nicht einhalten kannst. Auf jedes Wort aus deinem Munde muß Verlaß sein! Achte diese Sorgfaltspflicht nicht gering. Kinder müssen deinen Worten glauben können, sonst werden sie selbst nachlässig.

2. Auf Anordnungen bestehen

Manchmal sind es nicht Versprechen, die nicht eingehalten werden, sondern Anordnungen werden nicht befolgt. Wenn du deinem Kind etwas aufträgst, achte darauf, daß es auch ausgeführt wird; ansonsten sage lieber gar nichts. Es muß das Gefühl haben, daß deine Worte mit deinem Willen identisch sind. Hast du etwas angeordnet, dann zeige keine Gleichgültigkeit oder Milde, indem du es auf das nächste Mal verschiebst, wenn etwas nicht getan wurde. Alle Eltern müssen den Kindern zeigen, daß Worte etwas «Heiliges» sind, egal ob es sich nun um ein Versprechen oder eine Anordnung handelt. Ordnen sie beispielsweise an, daß jeden morgen der Fußboden des Zimmers gefegt werden muß, wird ihr Durchhaltevermögen auf die Probe gestellt werden. Wird die Anordnung am ersten Tag nicht befolgt, muß sie am zweiten wiederholt werden. Und wenn es ein ganzes Jahr dauert, die Eltern dürfen nicht nachlassen. Kinder dürfen nicht das Gefühl bekommen, daß der Vater lässig und ohne Ernst redet. Sie müssen wissen, daß, was immer er sagt, getan werden muß. Gewinnt ein Kind erst einmal den Eindruck, daß die Eltern nicht entschieden hinter ihren Worten stehen, werden ihre Worte augenblicklich an Bedeutung verlieren. Von daher muß alles, was Eltern sagen wesentlich sein und mit Nachdruck gesagt werden.

3. Ungenaue Aussagen berichtigen

Kommt es bei einem Gespräch tatsächlich einmal zu einer Übertreibung, müssen die Eltern eine Gelegenheit finden, die falschen Aussagen vor den Kindern zu berichten. Um ihnen die Wichtigkeit einer korrekten Rede auch richtig bewußt zu machen, ist es unerlässlich, Übertreibungen zu berichtigen. Es ist nicht gleichgültig, ob es drei oder zwei Kühe waren, ob man acht oder fünf Vögel gesehen hat. In einer gläubigen Familie muß alles einen christlichen Charakter haben. Es ist ein Lernprozeß für die Kinder, die Unerläßlichkeit der Wahrhaftigkeit zu begreifen und man sollte daher allen Ernstes daran gehen, in allen Reden bei der Wahrheit zu bleiben. Auch hier kommt es wieder auf das Vorbild und das beispielhafte Verhalten der Eltern an. Hat man auf diesem Gebiet Schwierigkeiten und fehlt es einem an Aufrichtigkeit, hat man sich von Gott nicht richtig ermahnen lassen. Eltern sollten hier nicht nur Gottes Gebote weitergeben, sondern selbst danach leben. Die Heiligkeit des Wortes kommt, um es nochmals zu sagen, bei Versprechen, bei Anordnungen und bei Richtigstellungen zum Ausdruck. Aufrichtigkeit, Wahrhaftigkeit und Beständigkeit sind auch hier wieder Bestandteile der geistlichen Erziehung von Kindern.

Kinder in der Zucht und Ermahnung des HERRN erziehen

Wie kann man den Ausdruck «in der Ermahnung des HErrn» verstehen? Ermahnen bedeutet, Anweisungen geben, wie man sich zu verhalten hat. Wichtig dabei ist, daß Eltern ihre Kinder nicht wie Ungläubige behandeln, sondern mit ihnen als Christen reden. Der HErr möchte, daß Eltern in der Erwartung leben, daß ihre Kinder zum lebendigen Glauben an Gott kommen, und darum sollen sie ihre Zöglinge auch so behandeln. Bei den Anweisungen sollte man sich an die gute christliche Norm halten.

1. Ihre Zielsetzung bestimmen

Eine große Aufgabe im Umgang mit Kindern ist, ihr Streben und ihre Wunschvorstellung richtig zu lenken. Könnten Kinder ihre Visitenkarte selbst drucken, würden sie zum größten Teil Titel wie «der zukünftige Präsident», «der künftige Direktor» oder «die zukünftige Königin» darauf vermerken. Haben Eltern keine Glaubensmaßstäbe, werden die Kinder Millionäre, Präsidenten oder Professoren sein wollen. Die Welt der Eltern wird zugleich die Welt der Kinder sein. Eltern müssen deshalb auf das Wünschen und Trachten ihrer Kinder acht haben und es möglicherweise korrigieren. In der Hauptsache wird es darauf ankommen, daß die Eltern selbst nach dem «Reich Gottes» trachten und den HErrn lieben. Sie müssen es den Kindern mit auf den Weg geben, daß es ein Vorrecht ist, für den HErrn zu leiden und daß Verfolgung um Christi Willen eine Ehre ist. Reden die Eltern über ihre eigenen Ziele und lassen sie ihre Kinder wissen, wie sie sich selbst ihr Christsein vorstellen, werden diese die Ziele und Vorstellungen bald übernehmen.

2. Kindern ihren Stolz nicht nehmen

Kinder sind im Normalfall überzeugt von sich selbst und entwickeln einen gewissen Stolz im Bezug auf ihre eigene Person. Sie geben mit ihrer Klugheit, mit ihrem Wissen oder mit ihrer Beredsamkeit an und finden immer neue Dinge, mit denen sie sich hervortun können. Sie bilden sich ein, sie wären etwas ganz besonderes. Eltern sollten dieses Verhalten ihrer Kinder nicht ganz unterdrücken, aber auch nicht unterstützen. Viele Eltern machen den

Fehler, daß sie die Eitelkeit ihrer Kinder vermehren helfen, indem sie beispielsweise nicht eingreifen, wenn sich ihr Kind vor anderen Leuten brüstet. In diesem Fall können die Eltern ruhig dem Kind sagen, daß es noch viele Kinder wie es auf der Welt gibt. Stolz darf nicht gefördert werden, sondern vielmehr die Zucht und Ermahnung des HErrn. Ein Kind darf die Selbstachtung und das Überzeugtsein von sich selbst nicht verlieren, aber es muß auch erkennen, wo es sich selbst zu hoch einschätzt. Manchmal brauchen junge Menschen 10 oder 20 Jahre, bis sie sich die Hörner abgestoßen haben, einfach, weil sie es zuhause nicht lernten, sich selbst genug zu demütigen. Ihre übersteigerte Selbsteinschätzung verwehrt ihnen, eine Arbeit wirklich zufriedenstellend zu erledigen.

3. Niederlagen einstecken können und Demut lernen

Ein Christ muß andere anerkennen und respektieren können, auch wenn er durch sie angegriffen wird. Es ist zwar einfach, sich als Sieger gut zu benehmen, aber dafür um so schwerer nach einer Niederlage noch «gute Manieren» zu haben. Es mag etliche geben, die bei einem Erfolg noch bescheiden bleiben können, aber es dürften wenige sein, die als Besiegte nicht gering vom anderen reden. Die Haltung des Christen zeichnet sich durch die Bescheidenheit beim Erfolg und durch den guten Willen bei einer Niederlage aus. Kinder möchten gewinnen. Diese Einstellung ist gut, denn sie hilft ihnen im Sport und beim Lernen, ihr Bestes zu geben. Auch dein Kind sollte gut sein in der Schule und doch gleichzeitig dazu angehalten werden, bescheiden und demütig zu bleiben. Wenn nötig, sag ihm, daß es viele andere Schüler gibt, die noch besser sind, wie es selbst. Hilf ihm auch Niederlagen einzustecken, ohne dabei den Mut zu verlieren. Hier haben Kinder ganz besonders Schwierigkeiten. Während beispielsweise beim Ballspiel der Sieger sich rühmt, klagt der Verlierer den Schiedsrichter wegen Parteilichkeit an, oder gibt die Schuld der Sonne, die ihn geblendet hat. Kinder müssen zur Bescheidenheit ermutigt und angehalten werden. Wir müssen sie anleiten, in den Geboten und Wegen Jesu zu wandeln, damit sich ihr Charakter richtig entwickeln kann und sie es lernen, andere höher zu achten als sich selbst.

Für einen Schüler ist es normal, seinen Mitschüler als Liebling des Lehrers zu bezeichnen, wenn dieser bei einer Klassenarbeit gut benotet wird. Die eigene schlechte Note führt er entsprechend auf seine Unbeliebtheit beim Lehrer zurück. Hier wird es deutlich, was ein Mangel an Demut bewirken kann. Christen müssen deshalb die Tugend lernen, verlieren zu können. Man muß zugeben können, daß der andere klüger, fleißiger und besser ist. Es ist eine unchristliche Eigenschaft, eingebildet zu sein, während es eine christliche Tugend ist, verlieren zu können. Auch in der Familie sollten die Kinder gelehrt werden, jene, die fähiger sind als sie, lobend anzuerkennen. Als Christen werden sie dann weniger Schwierigkeiten haben, sich selbst zu erkennen und richtig einzuschätzen. Selbsterkenntnis und Objektivität in der Einschätzung von anderen gehören zum christlichen Glauben. Kinder, die das gelernt haben, sind für geistliche Dinge zugänglicher.

4. Sich entscheiden können

Kindern muß man die Gelegenheit geben, sich selbst entscheiden zu müssen, während sie noch jung sind. Nimmt man ihnen bis zu ihrem 18. Lebensjahr jegliche Entscheidung ab und überläßt sie dann sich selbst, werden sie total unfähig sein, für sich selbst eine Entscheidung zu fällen. Immer wieder muß man sie auch bewußt vor Entscheidungen stellen, indem man sie fragt, was sie mögen oder nicht mögen und ihnen sagt, ob ihre Wahl gut oder schlecht war. Hilf ihnen bei ihren Entscheidungen. Kinder haben schon ein Empfindungsvermögen für Farben und können entscheiden, was ihnen am besten gefällt. Frag sie danach.

Für einen Menschen ist es unmöglich, eine Familie zu führen, wenn er es nicht gelernt hat, Entscheidungen selbständig zu fällen. Es ist deshalb geradezu sträflich, Kindern alle Entscheidungen abzunehmen. Gut ist es, sie nach ihrer Entscheidung über die Richtigkeit ihrer Wahl zu informieren.

5. Auf seine Dinge achthaben

Es muß Kindern beigebracht werden, sich um Dinge zu kümmern und ihnen Gelegenheit gegeben werden, ihre eigenen Schuhe, Strümpfe, Zimmer usw. instand zu halten. Nach einigen Erklärungen sollte man sie dazu anhalten, es alleine zu versuchen. So können sie es von Jugend auf lernen, für ihre eigenen Sachen zu sorgen. Manche Eltern machen ihren Kindern den Einstieg ins Leben schwer, weil sie ihnen alle Arbeit abnehmen und sie dadurch verwöhnen. Als Christ muß man den Kindern helfen, es zu lernen, ihre eigenen Angelegenheiten zu regeln.

Wenn der HErr seiner Gemeinde Gnade schenkt, glaube ich fest, daß die Hälfte der neuen Gemeindeglieder aus Kindern von Gläubigen Eltern besteht und die andere Häfte durch Gerettete aus der Welt zustande kommt. Eine Gemeinde kann nicht wirklich zunehmen, wenn nur von außen Leute dazukommen. Zur Zeit des Paulus, als die Gemeinden gerade am Entstehen waren, kamen ausschließlich Ungläubige, die eine Umkehr erlebt hatten, zur Gemeinde hinzu. Aber schon in der nächsten Generation waren es die gläubigen Familien, die für Gemeindenachwuchs sorgten. Timotheus ist ein Beispiel dafür. Wir können nicht erwarten, daß unsere Gemeinden nur durch das Hinzukommen von Außenstehenden wachsen. Es sollte uns ein Anliegen sein, daß aus den christlichen Elternhäusern auch viele Gläubige hervorgehen und daß Kinder durch Zucht und Ermahnung zur Gemeinde hinzukommen, so wie Timotheus von seiner Großmutter Lois und seiner Mutter Eunike im Glauben erzogen wurde. Nur so können Gemeinden wirklich wachsen.

Wie sieht die Situation heute aus? Heute muß sich die Gemeinde vielfach um die jungen Leute kümmern, für die die Eltern hätten Sorge tragen müssen. Weil die Eltern keine guten Vorbilder waren und ihre Kinder nicht im Glauben unterwiesen, müssen sie nun von der Gemeinde aus der Welt zurückgewonnen werden. Hätten die Eltern ihre Verantwortung richtig wahrgenommen, wären diese Kinder erst gar nicht verlorengegangen. Der Gemeinde wäre dadurch eine schwere Bürde erspart geblieben.

Die Kinder zum HERRN führen

Ein Weg, die Kinder für den HErrn zu gewinnen, besteht darin, sie an der Andacht vor dem «Familien-Altar» teilnehmen zu lassen. Im AT war das Zelt mit dem Altar verbunden — Familie und Gottesdienst waren miteinander verbunden. Auch heute darf das gemeinsame Familiengebet und Bibellesen nicht fehlen.

1. Andachten kindergerecht gestalten
Viele Familienandachten haben den Fehler, daß sie entweder zu lang oder zu schwer verständlich sind. Die Kinder sitzen ihre Zeit ab ohne recht mitzubekommen, um was es überhaupt geht. Werde ich von Familien eingeladen um eine Familienandacht zu halten und es sind Kinder dabei, lehne ich es ab, tiefschürfende, geistig

schwer faßbare Dinge zu besprechen. Für die Kinder ist es eine Tortur, wenn sie manchmal über Stunden hinweg zuhören müssen, was sie nicht verstehen. Manchmal haben die Eltern überhaupt kein Gefühl dafür, was den Kindern zumutbar ist und bedenken nicht, daß das Zusammensein gar nicht für sie selbst bestimmt ist. Die Eltern haben den Gottesdienst in der Gemeinde; deshalb sollte die Hausandacht mehr für die Kinder gestaltet werden. Ihre geistige Reife und ihr Geschmack soll bei der Vorbereitung und Durchführung maßgebend sein.

2. Es den Kindern schmackhaft machen

Oft fehlt es bei den Familienzusammenkünften an Liebe und die Kinder werden vom Vater oder der Mutter geradezu herangeschleppt. Unwillig und lustlos nehmen sie daran teil, oft nur, weil sie die sonst angedrohte Strafe fürchten. So geht es natürlich nicht. Es muß den Kindern etwas schmackhaft gemacht werden und sie müssen zum Kommen ermutigt werden. Ich hoffe, niemand schlägt seine Kinder, wenn sie sich nicht für die Andacht interessieren. Eine körperliche Züchtigung kann lebenslange Folgen haben. Mit Zwang ist hier nichts erreicht.

3. Familienandachten zweimal täglich

Ich schlage vor, daß man die Andachten jeweils morgens und abends abhält — also zweimal täglich. Man kann es so halten, daß die Morgenandacht vom Vater und die Abendandacht von der Mutter übernommen wird. Morgens wird man dazu früher aufstehen müssen, damit man nach dem Frühstück genug Zeit hat und die Kinder noch rechtzeitig in die Schule kommen. Lang darf dieses morgentliche Zusammenkommen nicht sein — höchstens 15 Minuten. Jeder sollte dabei einen Bibelvers lesen, zu dem dann der Vater, im Anschluß daran, einige Worte sagt und die nötigen Erklärungen gibt. Gut wäre es auch, wenn man die Kinder dazu bringen kann, Bibelverse auswendig zu lernen. Abgeschlossen wird dann die Morgenandacht durch Gebet des Vaters oder derMutter, indem um den Segen für alle gebetet wird. Auch das Gebet sollte einfach und verständlich sein und eine gewisse Länge nicht überschreiten.

Abends kann die Andacht länger dauern. In dem oben genannten Fall hätte dann die Mutter die Leitung und würde alle ihre Kinder um sich scharen und mit ihnen reden. Dabei muß nicht unbedingt die Bibel gelesen werden. Das Gebet sollte hingegen nicht fehlen.

Kinder sollten hier die Möglichkeit haben, im Gespräch ihre eigenen Sorgen und Nöte vorzubringen. Die Mutter sollte, wenn nötig, ein wenig nachfragen und zum Reden ermuntern. Gelingt ihr das nicht und bleiben die Kinder schweigsam, ist etwas grundsätzlich nicht in Ordnung. Die Mutter sollte die Vertrauensperson für die Kinder sein und keine innere Distanz zu ihnen aufkommen lassen. Bei der Abendandacht darf es lebendig zugehen. Spontanität und ungeheucheltes Beisammensein ist wichtig. Strenge Eltern verlangen von den Kindern oft, was sie gar nicht geben können und zwingen sie damit zur frommen Lüge. Mit Rücksicht auf die Kinder sollte die Abendandacht mit einem möglichst kurzen Gebet beendet werden. Auch dies sollte in einer ganz natürlichen Weise geschehen. Die Eltern beten regelmäßig für die Kinder, bis jedes von ihnen in der Lage ist, von sich aus ein Gebet zu sprechen.

4. Sünde bereuen lernen

Kinder müssen durch die Eltern erst einmal eine Vorstellung davon bekommen, was Sünde überhaupt ist. Dann erst kann man darauf achten, daß sie Reue zeigen und ihnen ihre Sünden leid tun. Bringt sie vor Gott und wenn die Zeit gekommen ist, helft ihnen auch eine bewußte Entscheidung für Jesus zu fällen. Haben sie diesen konkreten Schritt getan, können sie ihre Eltern zur Gemeindeversammlung begleiten. Auf diese Weise werden die Kinder zur wahren Erkenntnis Gottes gelangen.

Eine Atmosphäre der Liebe schaffen

Eine richtige Familienatmosphäre ist eine Atmosphäre der Liebe. Fehlt der Umgang miteinander und kommt es zu keinen Gesprächen, mangelt es an Liebe. Die spätere Entwicklung der Kinder wird maßgebend von dieser ersten Umgebung geprägt, und wenn die Kleinen auf Liebeszuwendung verzichten müssen, entwickeln sie bald eine steife, einzelgängerische und widerspenstige Art. Viele Menschen kommen mit anderen nicht zurecht, weil sie als Kinder nicht die richtige Behandlung erfahren haben. Eine normale Entwicklung des Kindes kann beispielsweise nicht gewährleistet werden, wenn häufig Auseinandersetzungen und Schwierigkeiten in der Familie sind. Auflehnung wird die Folge davon sein oder sie bekommen einen Minderwertigkeitskomplex und schauen auf andere herab. Leute mit Minderwertigkeitsgefühlen streichen sich oft selbst heraus, um von anderen anerkannt zu werden.

Viele der «Asozialen» und «Problemkinder» der Gesellschaft haben in ihrer Kindheit keine Liebe erfahren. Das Ergebnis davon war, daß ihre menschliche Natur gleichsam eine Wandlung erfuhr, die sie dann auf die schiefe Bahn brachte. Um solche Leute dann in die Gemeinde einzugliedern, bedarf es großer Anstrengung und Anpassung. Ich denke oft, daß die Hälfte der Arbeit in der Gemeinde von den Eltern vorher schon hätte getan werden müssen. Vieles hätte durch eine liebevolle Erziehung der Kinder vermieden werden können. Aus einem Elternhaus voller Freude, Sanftmut und Liebe gehen auch gesunde und fröhliche Kinder hervor.

Die Eltern sollten für ihre Kinder Freunde sein und haben deshalb darauf zu achten, daß sich keine Entfremdung einschleicht. Denke daran, Freundschaft ist etwas, das man nicht erbt, sondern etwas, das geschaffen und gepflegt werden muß. Lerne es deshalb, immer eine gewisse Nähe zu deinen Kindern zu wahren, die es ihnen erlaubt, mit allem, was sie bedrückt, zu dir zu kommen. Es ist nicht gut, wenn sie zu anderen Leuten mit ihren Problemen gehen.

Sei für sie da, sowohl, wenn sie Erfolg haben, als auch wenn sie Fehlschläge erleiden. Zu einem Freund kann man immer kommen. Sei ihnen deshalb ein Freund und sitze nicht wie ein Herrscher auf deinem Thron. Sie brauchen dich, weil sie ihre Probleme mit dir durchsprechen müssen und deinen Rat und deine Hilfe nötig haben. Nur Eltern, die ihren Kindern Freunde sein können, sind gute Eltern.

Diese freundschaftliche Beziehung der Eltern zu ihrem Kind muß schon in seinen frühen Kindesjahren entwickelt werden. Die Verbundenheit und Zuneigung der Kinder entwickelt sich in den ersten 20 Jahren ihres Lebens. Es ist fast unmöglich, danach noch eine Beziehung aufzubauen. Mit zunehmendem Alter wird die Distanz größer, wenn nicht vorher schon eine innere Verbundenheit zwischen Eltern und Kind bestanden hat. Viele Kinder können für ihre Eltern keine Achtung und Wertschätzung aufbringen, weil diese ihnen, wenn sie in einer Notlage sind, nur wie Richter entgegentreten. Das sollte bei dir nicht der Fall sein. Wenn deine Kinder Probleme haben, sollst du der erste sein, zu dem sie kommen.

Solche Familien haben wenig Probleme, und wenn sie welche haben, können sie alle gelöst werden.

Mit Bedacht zurechtweisen

Kinder müssen zurechtgewiesen werden, wenn sie sich nicht richtig verhalten haben, und es wäre nicht gut, wenn man sie nicht auch bestrafen würde.

1. Eher zurückhaltend sein

Strafen jedoch ist eine heikle Angelegenheit. Es sollte Eltern so schwer fallen, ihre Kinder zu schlagen, wie es diesen fallen würde, wenn sie ihre eigenen Eltern schlagen müßten. Kein Kind darf seine Eltern schlagen und doch würde es den Eltern eher noch möglich sein, zu vergeben, als es umgekehrt den Kindern möglich ist. Habe deshalb immer eine gewisse Abneigung vor der körperlichen Züchtigung.

2. Wenn nötig, gebrauche die Rute

Auch wenn es einem schwer fällt, Kinder brauchen diese Züchtigung. «Wer seine Rute spart, der haßt seinen Sohn; wer ihn aber lieb hat, der züchtigt ihn beizeiten.» (Sprüche 13,24) Das ist die Weisheit Salomos und sicher auch ein Maßstab für die Eltern. (Strafe durch *die Rute* beinhaltet eine wertvolle erzieherische Weisheit: *Die Rute* führt die notwendige Strafe aus; *die Hand* des Vaters oder der Mutter soll Liebe und Trost weitergeben. Anm.d. Verlegers)

3. Jedoch mit Bedacht

Züchtigung darf jedoch nur verdientermaßen erteilt werden. Schlage dein Kind nie aus blinder Wut oder wenn du gerade aus der Fassung bist. Schlägst du im Zorn, schlägst du dir selbst zum Gericht und mußt mit deinem wutentbrannten Herzen zuerst einmal vor Gott zur Ruhe kommen.

4. Erkläre den Kindern ihre Schuld

Gerade bei der körperlichen Züchtigung ist es nötig, den Kindern deutlich zu machen, warum sie es verdient haben. Es braucht nicht nur Schläge, sondern auch das Verständnis für die Notwendigkeit der Strafe. Jedesmal muß deshalb eine Erklärung folgen.

5. Schlagen als Ausnahme

Gewöhne dir das Schlagen nicht an. Es muß jedesmal eine «große Sache» sein, bei der die ganze Familie zusammenläuft und alle es mitbekommen. Das Schlagen eines Kindes ist mit einem chirurgischen Eingriff eines Arztes zu vergleichen. Schlagen tut man nicht, weil man erbost ist, sondern weil «ein Eingriff» nötig geworden ist. So müssen die Eltern bei der Zurechtweisung ganz ruhig bleiben können und möglichst ohne wilde Emotionen die Züchtigung vornehmen.

Wie soll das nun konkret aussehen? Ich habe einen Vorschlag dazu: Hat das Kind wegen einer ernsten Angelegenheit Schläge verdient, kann man die Züchtigung wie ein Ritual verbereiten, bei dem das Kind die Liebe der ganzen Familie erkennen kann. Schlägt man es beispielsweise auf die Hand, so können die Geschwister kaltes Wasser und ein Handtuch bereithalten, um sich nach «der Prozedur» dem Bestraften anzunehmen. So kann die Hand gekühlt und liebevoll abgetrocknet werden und dem Kind wird deutlich, daß es sich um eine notwendige Maßnahme der Liebe und nicht um Haß gehandelt hat. Liebe muß man sehen können! Bei vielen Züchtigungen hat man jedoch den Eindruck, daß sie vollkommen fehlt. Kinder haben oftmals nicht einmal die Gelegenheit zu erfahren, warum sie nun eigentlich geschlagen wurden. Es muß deutlich sichtbar sein, daß nicht aus Haß, sondern aus Liebe geschlagen wird. In ganz schweren Fällen kann sogar einmal der andere Elternteil ein paar Schläge auf sich nehmen. Das wird dem Kind helfen zu begreifen, wie ernst und wie schlimm sein Vergehen war. Danach wird es nicht mehr achtlos sündigen. Die Ermahnung des HErrn, nicht deine Wutausbrüche, sollen das Kind wieder zurechtbringen. Ich bin dagegen, wenn Eltern ihre Beherrschung verlieren, weil damit das Kind für sein ganzes Leben verdorben sein kann, und doch muß in einer christlichen Familie beides gelernt werden: Liebe und Züchtigung.

Große Eltern bringen große Kinder hervor

Schließlich soll noch erwähnt werden, daß viele große Gottesmänner aus guten und christlichen Elternhäusern stammten. Seit Timotheus sind uns viele Menschen bekannt, die Gott gebrauchen konnte und die «große» Eltern hatten. John Wesley war einer davon. John Newton ein anderer. John G. Paton, einer der größten Missionare, den die Welt gesehen hat, war ein weiterer. Wenige Väter gleichen Paton's Vater. Als John bereits älter war, erzählte er immer noch, wie er bei der Versuchung der Sünde immer an seinen Vater und an seine Gebete denken mußte. John kam aus einer armen Familie. Alle mußten mit einem Schlafzimmer, einer Küche und einem kleinen Zimmer auskommen. Jedesmal, wenn er seinen Vater in diesem kleinen Zimmer für ihn beten hörte, ergriff es ihn. Er wußte, daß nun der Vater um die Seelen seiner Kinder rang. Als erwachsener Mann konnte er sich noch daran erinnern und dankte Gott, daß er ihm einen Vater gegeben hatte, der ihm die Sünde meiden half. Für ihn war es so, daß er sich beim Sündigen nicht nur gegen den himmlischen, sondern auch gegen den irdischen Vater auflehnte und das machte ihm das Sündigen schwer. Nun, solche Väter und solche Söhne sind selten.

Wenn sich in unserer Generation viele Eltern bemühen, wie viele gläubige und vitale junge Menschen wird dann die nächste Generation an den Tag bringen? Manchmal neige ich zu dem Ausspruch, daß die Zukunft der Gemeinden von den Eltern abhängt. Wenn Gott die Kirche Jesu Christi bauen will, dann braucht er auch junge Menschen, die sich Ihm hingeben. Wir brauchen mehr Leute wie Timotheus. Wenn viele in den Familien zum Glauben kommen, müssen sie nicht später aus der Welt zurückgewonnen werden.

Freundschaft

«*Ihr Ehebrecher und Ehebrecherinnen, wisset ihr nicht, daß die Freundschaft mit der Welt, Feindschaft gegen Gott ist? Wer immer der Welt Freund sein will, macht sich zum Feinde Gottes.*» *(Jak. 4,4)*

«*Zieht nicht am gleichen Joch mit den Ungläubigen! Denn was haben Gerechtigkeit und Gesetzlosigkeit miteinander zu schaffen? Was hat das Licht für Gemeinschaft mit der Finsternis? Wie stimmt Christus mit Belial überein? Oder was hat der Gläubige gemeinsam mit dem Ungläubigen? Wie reimt sich der Tempel Gottes mit Götzenbildern zusammen? Ihr aber seid ein Tempel des lebendigen Gottes, wie Gott spricht: 'Ich will in ihnen wohnen und unter ihnen wandeln und will ihr Gott sein, und sie sollen mein Volk sein.' Darum 'gehet aus von ihnen und sondert euch ab, spricht der HErr, und rühret kein Unreines an, so will ich euch aufnehmen,' und 'ich will euer Vater sein, und ihr sollt meine Söhne und Töchter sein,' spricht der allmächtige HErr.*» *(2. Kor. 6,14-18)*

«*Wohl dem, der nicht wandelt nach dem Rate der Gottlosen, noch tritt auf den Weg der Sünder, noch sitzt, da die Spötter sitzen; sondern seine Lust hat am Gesetz des HErrn und in seinem Gesetze forscht Tag und Nacht. Der ist wie ein Baum, gepflanzt an Wasserbächen, der seine Frucht bringt zu seiner Zeit und dessen Blätter nicht verwelken, und alles, was er macht, gerät wohl. Nicht so die Gottlosen; sondern sie sind wie Spreu, die der Wind zerstreut. Darum werden die Gottlosen nicht bestehen im Gericht, noch die Sünder in der Gemeinde der Gerechten; denn der HErr kennt den Weg der Gerechten; aber der Gottlosen Weg führt ins Verderben.*» *(Psalm 1)*

Freundschaft — in der Bibel kaum erwähnt

Es ist etwas eigenartig, daß die Bibel die Freundschaft unter Gläubigen kaum erwähnt, obwohl man sagen muß, daß das Wort «Freund» in der Schrift häufig vorkommt; so z.B. in Genesis, den Sprüchen, im Matthäus- und Lukasevangelium. Hier handelt es sich aber meist um Freundschaft im allgemeinen Sinn, also nicht spezifisch für Gläubige. Wenn ich mich recht erinnere, wird das Wort «Freundschaft» zweimal in Bezug auf Paulus verwendet und zwar in der Apostelgeschichte. Einmal als «...etliche der Obersten von Asien, *die seine Freunde waren* zu ihm schickten und ihn baten, nicht ins Theater zu gehen.» (Apg. 19,31) Das war in Ephesus. Aber auch auf dem Weg nach Rom «...zeigte sich Julius menschenfreundlich gegen Paulus und erlaubte ihm, zu seinen Freunden zu gehen und ihre Pflege zu genießen.» In einer dritten neutestamentlichen Stelle schreibt Johannes: «Es grüßen dich die Freunde. Grüße die Freunde mit Namen.» (3. Joh. 15) Die Tatsache, daß die Bibel zu dieser Sache verhältnismäßig wenig sagt, gibt einen Hinweis darauf, daß sie ihr keine große Bedeutung beimißt. Worin kann dieser Tatbestand begründet sein? Nun, die Bibel legt auf eine andere Beziehung mehr Wert und das ist die zwischen Brüdern und Schwestern. Geschwister im HErrn nehmen eine zentrale und wichtige Stellung ein, und hier ist eine Stärkung der Beziehungen mehr von Nöten als in Freundschaften.

Die Bedeutung von Freundschaft

1. Auf Liebe gegründet
Was bedeutet nun Freundschaft unter gläubigen Menschen? Freundschaften gibt es zwischen Alten und Jungen, zwischen Eheleuten, Brüdern und auch Schwestern. Freund sein bedeutet zunächst einander mögen und miteinander auskommen. Freundschaft geht über eine gewöhnliche Beziehung hinaus. Viele menschliche Beziehungen beruhen auf Heirat oder auf Blutsverwandtschaft. Freundschaft hingegen hat keine andere Grundlage als die menschliche Zuneigung. Sie kann in einer Ehebeziehung dazukommen, kann eine Eltern-Kind-Beziehung bereichern und ein Lehrer-Schüler-Verhältnis mitbestimmen. Außerdem sind es die Menschen gleichen Alters, mit gleichem sozialen Status oder mit demselben Streben, die sich in einer Freundschaft zusammentun.

2. Von großer Bedeutung
Für Menschen, die ihr Leben nicht Gott übergeben haben und deshalb auch nicht einer Gemeinde angehören, gibt es keine Gemeinschaft mit gläubigen Geschwistern. Für sie ist Freundschaft von großer Bedeutung, während für Gläubige die Notwendigkeit, ei-

nen Freund haben zu müssen, nachgelassen hat, weil sie ja in Gemeinschaft mit anderen Gläubigen leben könne. Deshalb redet das NT auch so wenig von Freundschaft. Der Mensch ist nicht wirklich ausgefüllt, wenn er nur von seinen Familienbeziehungen und sozialen Kontakten leben soll. Für seinen inneren Menschen und seinen seelischen Bereich verlangt er nach freundschaftlichen Beziehungen, die echte Liebe beinhalten. Bevor ein Mensch gläubig wird, braucht er Freunde — drei, fünf, acht oder zehn. Diejenigen, die sehr kontaktfreudig sind, bringen es vielleicht auf hundert. Mit Freunden kann man eine sehr enge Beziehung haben und wirklich in Liebe miteinander umgehen. In der Tat spielt die Freundschaft bei den nicht zu Christus gehörigen Menschen eine große Rolle. Hat einer keine Freunde, ist man geneigt zu sagen, daß etwas nicht mit ihm stimmt und er eine komische oder ungewöhnliche Art haben muß. Es gehört einfach dazu, daß man Freunde hat.

Die Freundschaft mit der Welt beenden

Sobald jemand an den HErrn gläubig geworden ist, ist er dazu aufgefordert, seine bisherigen Freundschaften zu lösen.

1. Feindschaft gegen Gott

«Freundschaft mit der Welt ist Feindschaft gegen Gott» (Jak. 4,4) Mit «Welt» sind hier die Menschen dieser Welt gemeint. Sind wir befreundet mit den Menschen dieser Welt, *weil wir die Welt lieben,* machen wir uns zu Feinden Gottes. «Wenn jemand die Welt liebhat, so ist die Liebe des Vaters nicht in ihm.» (1. Joh. 2,15)

Menschen, die neu zum Glauben gekommen sind, muß gesagt werden, daß sie als erstes ihre Freunde völlig neu wählen müssen. (In diesen «Grundlektionen» haben wir eine ganze Reihe von wichtigen Punkten für Neulinge im Glauben.) Ich sage den Neubekehrten immer: «Da du jetzt zum Glauben gekommen bist, sollst du eine radikale Änderung deiner freundschaftlichen Beziehungen vornehmen. Dieser Wechsel muß so sichtbar sein, wie das Wechseln von Kleidern und anderen Dingen.» Ich weiß, was ich sage. Ist einer hier nicht ganz konsequent, wird sein Christsein auf «wackligen Beinen» stehen. Es ist wunderbar zu wissen, daß man nicht mehr so von Menschenliebe abhängig ist, wenn Gottes Liebe in ein Menschenleben eindringt. Ist Gott aber in uns, ist es für uns unmöglich geworden, in Freundschaft mit der Welt zu leben.

Wir müssen jedoch richtig hinhören, damit wir nicht in ein falsches Alternativdenken hineingeraten. Der HErr hat nicht gesagt, daß wir die Welt hassen müssen, um ihn lieben zu können. Es ist uns Christen nicht verboten, den anderen auf der Straße zu grüßen. Der Satz «Freundschaft mit der Welt ist Feindschaft gegen Gott,» will uns nicht nahelegen, unsere ungläubigen Mitmenschen zu hassen. Hier sind im besonderen enge Beziehungen und tiefergehende Freundschaften gemeint. Sie sollen gelöst werden. Ein Christ kann seine früheren Freunde immer noch lieben, nur wird er jetzt ein anderes Ziel mit ihnen haben. Vielleicht wird er mit ihnen in Verbindung treten, um das Evangelium zu bringen. Kornelius lud zwei Gruppen zu sich nach Hause ein, um Petrus zu hören. Die einen waren seine Verwandten und die anderen seine Freunde. Bringe auch du deine Verwandten und engen Freunde mit unter das Wort. Dabei soll es dir nicht um die Aufrechterhaltung der Beziehung gehen, sondern um sie selbst und ihren Glauben.

Wenn man einen Menschen gut kennt, kann man nicht auf einmal so tun, als würde man ihn nicht mehr kennen. Wenn einer einem anderen ein richtiger Freund war, wird er es weiterhin sein. Wer könnte schon eine jahrelang bestehende Freundschaften einfach beenden? Was wir hier meinen ist, daß die frühere Beziehung einfach nicht mehr existiert, da sich dadurch, daß wir zum Herrn gekommen sind, bei uns einen Wandel vollzogen hat. Als Mensch existiert der Freund jedoch weiter und wenn wir ihn irgendwo treffen, können wir ruhig mit ihm reden; eben nicht mehr als Freund, sondern als Mitmensch. Auch können wir immer noch Probleme mit ihm besprechen und ihm unseren Rat geben. Das neue Leben aus Gott schafft jedoch automatisch eine Trennung, die wir nicht aufheben können und sollen. Beim Gehen oder Rennen ist der, mit dem leichtesten Gewicht, am besten dran.

In geistlichen Dingen ist es so, daß der Umgang mit der Sünde das Gewicht vermehrt. Die Freundschaft mit Ungläubigen zu kündigen bedeutet Gewicht zu verlieren, während mit jeder nicht abgebrochenen Beziehung der Läufer mehr unter seinem Gewicht zu tragen hat. Um mich herum sehe ich viele Geschwister, die sich mit alten Freundschaften das Leben schwer machen. Sie laufen nur langsam in der Kampfbahn des Glaubens. Ungläubige haben einen anderen Grund und eine andere Zielsetzung, und wenn sie dich auch nicht vom Glauben abbringen, ein Ansporn werden sie dir nicht sein.

2. Das gleiche Joch

«Ziehet nicht am gleichen Joch mit den Ungläubigen.» (2. Kor. 6,14) Viele Leute beziehen diese Stelle ausschließlich auf die Ehe. Ich glaube jedoch, daß die Bedeutung noch weiter gefaßt werden kann und Beziehungen jeglicher Art zwischen Gläubigen und Ungläubigen mit einschließt. Hier wird uns die ganze Unverträglichkeit zwischen Christen und Nicht-Christen gezeigt.

3. Die Bedeutung des «gleichen Jochs»

«Ziehet nicht am gleichen Joch mit den Ungläubigen» — dieser einleitenden Aussage ist ein ganzer Abschnitt in der Bibel gewidmet. Um richtig zu verstehen, was dieser erste Vers für uns bedeutet, müssen wir die fünf folgenden Fragen näher betrachten. «Was haben Gerechtigkeit und Gesetzlosigkeit miteinander zu schaffen? Was hat das Licht für Gemeinschaft mit der Finsternis? Wie stimmt Christus mit Belial überein? Oder was hat der Gläubige gemeinsam mit dem Ungläubigen. Wie reimt sich der Tempel Gottes mit Götzenbildern zusammen? Ihr aber seid ein Tempel des lebendigen Gottes, wie Gott spricht: 'Ich will in ihnen wohnen und unter ihnen wandeln und will ihr Gott sein, und sie sollen mein Volk sein.'» (2. Kor. 6,14-16) Diese fünf Fragen geben uns eine Auskunft darüber, wie unmöglich es ist, daß Gläubige und Ungläubige am selben Joch ziehen. Es bedeutet Sorge und Kummer und nicht Segen, mit einem Ungläubigen am gleichen Joch zu ziehen. Ich hoffe, daß wir Christen nicht meinen, wir müßten unsere engen Beziehungen zu Ungläubigen in der Gesellschaft, im Arbeitsleben und in Freundschaften aufrechterhalten. Die unterschiedlichen Ebenen, von denen wir ausgehen, lassen uns Christen den Weg des Glaubens und den Nicht-Christen den Weg des Unglaubens gehen. Versucht man diese unterschiedlichen Positionen, Meinungen, Urteile und Empfindungen zusammenzubringen, wird man bald viel Kummer haben, weil man feststellt, daß man in die entgegengesetzte Richtung zieht als der andere. Entweder wird dabei das Joch brechen oder der Ungläubige bringt den Gläubigen dazu, auf seine Seite zu kommen.

Ich hoffe, daß alle Neubekehrten diesen Grundgedanken aufnehmen und begreifen, daß die Freundschaft mit einem Ungläubigen immer Verlust an Glauben bedeutet. Bildet euch nicht ein, ihr könntet den Ungläubigen bekehren. Außerdem müßtet ihr dazu nicht sein bester Freund sein. Ich selbst habe frühere Freunde auf den Weg des Glaubens führen können, ohne daß ich mit ihnen eine engere Beziehung eingegangen bin. Es ist tatsächlich möglich, frühere Freunde zu missionieren, ohne die alte Freundschaft aufrechtzuerhalten. Zu leicht wird der Gläubige von seinem Glauben abgebracht.

C.H. Spurgeon hat diese Tatsache deutlich veranschaulicht. Die folgende Begebenheit zeigt mir, wie kluges Verhalten aussehen kann. Eines Tages kam eine junge Frau zu Spurgeon mit der Frage, ob sie die Freundschaft mit einem ungläubigen jungen Mann aufrecht halten könne. Um ihn ganz zu Jesus zu führen, so sagte sie, hätte sie sich entschlossen, sich möglichst bald mit ihm zu verloben. Daraufhin bat Spurgeon, die junge Frau, sich auf einen hohen Tisch zu begeben. Sie hatte keine andere Wahl als zu gehorchen. Spurgeon, der zu dieser Zeit schon fortgeschrittenen Alters war, sagte dem Mädchen, daß sie seine Hand fassen und ihn auf den Tisch hochziehen solle. Trotz mehrfachen Versuchen gelang es ihr natürlich nicht. Dann erklärte Spurgeon ihr, daß er nun ziehen würde. Beim ersten Versuch zog er sie vom Tisch herunter. Er sagte zu ihr: «Es ist einfach jemand herunterzuziehen, aber sehr schwer jemand hochzuziehen.» Damit war die Frage der Schwester beantwortet.

Sage deinen früheren Freunden, daß dein Leben Gott gehört, und wenn du sie triffst, vergiß nicht, sie ebenfalls dazu anzuhalten. Als ich noch jünger war, hatte ich viele Freunde in der Schule. Nachdem ich gläubig geworden war, nahm ich jedesmal, wenn ich sie besuchte, meine Bibel mit und wir sprachen über Glaubensdinge. Ich bekannte auch meine verwerfliche Vergangenheit. Früher hatte ich viel gespielt und meine Zeit in Kinos vergeudet, und es war meinen Freunden nie schwergefallen, mich dazu zu überreden. Nach meiner Bekehrung wurde dies schlagartig anders. Saß ich mit ihnen zusammen, so nahm ich meine Bibel heraus und sprach mit ihnen darüber. Bald war es auch allen bekannt, was mit mir geschehen war. Von da an teilten mir meine Freunde auch gar nicht mehr mit, wenn sie irgendwo hingingen. Aber es ist besser unwillkommen zu sein, als von seinem Weg abzukommen. Einen losen Kontakt zu wahren ist ganz gut und ein höflicher und freundlicher Umgang mit ihnen dürfte durchaus selbstverständlich sein. Was aber tiefer geht, ist nicht gut, denn du gehörst Gott und sollst sie für Gott gewinnen. Wenn du treu in der Nachfolge stehst und deinen Freunden das Evangelium bringst, werden sie früher oder später den Schritt des Glaubens wagen oder dich verlassen. Das sind die zwei möglichen Alternativen. Einen anderen Weg wird es schwerlich geben.

Fünf biblische Fragen

Die erste Frage: «Was haben Gerechtigkeit und Gesetzlosigkeit miteinander zu schaffen?» Nachdem ein Mench gläubig geworden ist, beginnt er einen Gerechtigkeitssinn zu entwickeln. Vor ein paar Tagen bekannte ein Bruder, daß er erkannt hätte, daß es nicht recht gewesen wäre, sich mit einer ausgeliehenen Saisonkarte Eingang in einen öffentlichen Park zu verschaffen. Gläubigen muß gezeigt werden, was gerecht und was ungerecht ist, und sie dürfen über ungerechte Handlungen in der Vergangenheit nicht einfach hinweggehen. Selbst die moralisch hochstehendsten Leute wissen oft nicht, was Gerechtigkeit ist. Haben wir Gläubige es begriffen, daß wir andere auch nicht in den kleinsten Dingen übervorteilen sollen? Es gibt Dinge, die man früher noch dulden konnte, aber heute als ungerecht empfindet. Die Beurteilung von Situationen hat sich durch das Christwerden geändert. Der Maßstab ist ein anderer geworden und wenn man den der Ungläubigen übernimmt, muß man von der Gerechtigkeit zur Ungerechtigkeit hinüberwechseln.

Zweite Frage: «Was hat das Licht für Gemeinschaft mit der Finsternis?» Durch deine Bekehrung bist du ein Kind des Lichtes geworden und siehst die Dinge um dich her im richtigen Licht. Dein ungläubiger Freund hingegen ist in der Finsternis und kann den wahren Charakter der Dinge nicht erkennen. Ein Kind Gottes, das schon lange in der Nachfolge steht, findet es ja schon schwer, mit einem fleischlich gesinnten Gläubigen zurecht zu kommen. Um wieviel schwerer, ja unmöglich, ist es für einen Christen, mit einem Menschen gemeinsame Sache zu machen, der noch nie im Lichte war. Denk daran, hier geht es um eine grundsätzliche Sache: Licht und Finsternis schließen sich gegenseitig aus. Wer in der Finsternis lebt, kann vieles tun, was du nicht mehr tun kannst. Du unterscheidest dich von ihnen, weil sie sich in ihrer Philosophie, ihrem ethischen Empfinden, ihrem Denkhorizont und ihrer Lebensauffassung «der Welt» verschrieben haben.

Dritte Frage: «Wie stimmt Christus mit Belial überein?» Das Wort Belial weist hier auf Satan hin, denn es bedeutet ursprünglich «anmaßendes Wesen» oder «Gottlosigkeit». Satan ist wahrhaft anmaßend und gottlos. Wir gehören Gott, während Ungläubige das Eigentum Belials sind. Durch Christus sind wir Gott angenehm, sie aber sind verachtet. Wir sind mit einem hohen Preis erkauft, nicht mit vergänglichem Gold und Silber, sondern mit dem teuren Blut des Sohnes Gottes. Es gibt viele Dinge, die wir als Christen nicht mehr tun können, weil wir sonst unseren Glauben preisgeben und unsere Würde verlieren würden. Menschen, die auf der Seite Belials stehen, suchen ihren Vorteil auf Kosten anderer. Christen sind jedoch an Gott gebunden. Wie können sie am selben Joch ziehen wollen? Wenn jeder in eine andere Richtung will, wird das Joch brechen!

Vierte Frage: «Was hat der Gläubige gemeinsam mit dem Ungläubigen?» Hier ist ein anderer Kontrast. Du bist ein Mann des Glaubens und kennst Gott, und er ist unwissend und ohne Glauben.

Du kannst Gott vertrauen, und er wird sich auf sich selbst verlassen. Du bezeugst, daß Gott alles in seiner Hand hat, während er seines eigenen Glückes Schmied ist. Für dich ist der Glaube ein Bestandteil deines Lebens, so selbstverständlich wie das Atmen; für ihn hingegen ist es eine unfaßbare Sache, die er weder begreifen, noch groß kennenlernen will. Er wird sich über dich lächerlich machen, weil du ihm rückständig und einfältig vorkommst. Wie kann da noch eine Freundschaft mit Ungläubigen möglich sein? Werden wir da nicht schnell von unserem Weg abkommen?

Fünfte Frage: «Wie reimt sich der Tempel Gottes mit Götzenbildern zusammen?» Zuerst müssen wir klären, was unter den zwei Begriffen «Tempel Gottes» und «Götzenbilder» zu verstehen ist. Ich glaube, hier wird Bezug genommen auf die Heiligkeit unseres Leibes, denn es geht ja weiter mit den Worten: «ihr aber seid ein Tempel des lebendigen Gottes.» Im 1. Korintherbrief haben wir die Aussage, daß wir Gottes Tempel sind. Es ist unvorstellbar; hier ein Tempel Gottes, und dort einer, der den Götzenbildern dient. Der Tempel Gottes darf nicht verunreinigt werden. Wenn du dich zu deinen früheren Freunden hältst, werden diese oft Dinge tun, die deinem Körper schaden, wie z.B. rauchen und trinken. Dein Leib aber ist ein Tempel Gottes. Du kannst ihn nicht beschmutzen und verunreinigen. Der lebendige Gott wohnt in dir, fordere ihn nicht heraus. Wie reimt sich der Tempel Gottes mit den Götzenbildern zusammen? Ungläubige sind die Tempel der Götzen und suchen nicht die Heiligkeit ihres Leibes. Wir hingegen tun es. Ist es dir noch nie aufgefallen, wie sorglos Nicht-Christen mit ihrem Körper umgehen? Es ist deshalb auch hier unmöglich, so verschieden gelagerte Menschen zusammenbringen.

Wir bleiben dabei, zu enge Freundschaften mit Ungläubigen erhöhen nur die Gefahr, daß der Christ von seinem Glauben abkommt. Auch du solltest dich nicht deiner Stärke und Unantastbarkeit rühmen und dir einbilden, dir würde es nichts ausmachen. Laß mich es dir sagen; auch wenn du schon jahrelang in aller Treue dem HErrn nachfolgst, solltest du noch davor Angst haben, mit Ungläubigen engen Kontakt zu pflegen. Wie leicht kann dadurch dein geistliches Leben durcheinander kommen. Ist es nicht deine Absicht, beim Zusammensein mit Nicht-Christen ein Zeugnis zu sein oder sie zu einer Versammlung einzuladen, lebst du gefährlich. Hast du einmal in ihrer Mitte Aufnahme gefunden, ist es nicht einfach, deinen Glaubensgrundsätzen treu zu bleiben.

Die Beeinflußung durch schlechte Gesellschaft

«Lasset euch nicht irreführen: Schlechte Gesellschaften verderben gute Sitten.» (1. Kor. 15,33) «Schlechte Gesellschaft» bedeutet schlechter Umgang und ungute Gespräche. Bei dem Wort «verderben» kann man an von Holzwurm befallenes Holz denken.

1. Führt zu Verkommenheit
Gutes sittliches Verhalten beinhaltet sicherlich auch gute Manieren. Ein unguter gesellschaftlicher Umgang hat einen negativen Einfluß auf das gute Auftreten einer Person. Du bist vielleicht fromm und gottesfürchtig solange du für dich bist und nimmst in der Gesellschaft mit Ungläubigen ein lautes und närrisches Verhalten an. Auch über die Witze würdest du sonst nicht lachen, aber weil in ihrer Mitte die Zwangslosigkeit gepriesen wird, legst du deine Bedenken beiseite und lachst mit. Schlechte Redensarten verderben das gute Benehmen eines Menschen. Hier schließt das Böse das Gute aus und wenn sich ein Gläubiger von bösem Gerede nicht distanziert, wird sein Verhältnis zu Gott darunter leiden. Gläubige sollten ein gutes Benehmen haben und mit Gottes Hilfe daran arbeiten, sich gute Manieren und Selbstbeherrschung anzuerziehen. Nach und nach sollten sie sich in die Frömmigkeit eines gottseligen Lebens einüben.

2. Das Wiederzurechtkommen braucht Zeit
Durch jeden Umgang und jede schlechte Gesellschaft mit Ungläubigen erfährt man eine Schwächung im Glauben und benötigt oft drei, vier oder auch fünf Tage, um wieder zurechtzukommen.

Weder wandeln noch gehen, noch sitzen

Der Psalmist sagt: «Wohl dem, der nicht wandelt nach dem Rate der Gottlosen, noch tritt auf den Weg der Sünder, noch sitzt, da die Spötter sitzen; sondern seine Lust hat am Gesetz des HErrn und in seinem Gesetze forscht Tag und Nacht.» (Psalm 1,1-2)

1. Nicht wandeln im Rate der Gottlosen

Ungläubige werfen mit guten Ratschlägen oft gerade so um sich. Für einen Gläubigen ist es jedoch ein trauriges Zeichen, wenn er in einer Notlage gerade dort Rat sucht. Ich möchte noch etwas näher darauf eingehen, warum wir den Rat von Nicht-Christen nicht befolgen können. Ich selbst habe ja viele Bekanntschaften mit Ungläubigen und habe immer wieder erlebt, daß man mir Ratschläge mit auf den Weg gab, ohne daß ich darum gebeten hätte. Dabei habe ich beim genauen Hinhören festgestellt, daß ihre Gedanken immer um eine Sache kreisten: um ihren eigenen Vorteil. Sie fragen nicht danach, ob es gut ist oder Gottes Willen entspricht. Sie haben nur das eine Motiv und das ist ihr eigener Profit. Können wir den Rat eines Menschen befolgen, der nur sich selbst im Auge hat? Es geht nicht nur um den eigenen Vorteil, sondern um das, daß er auf Kosten eines anderen erzielt wird. Wie kann ein Gläubiger einen Unlgäubigen da noch anhören? Ist die Gemeinschaft zwischen den beiden jedoch sehr eng, wird es schwer sein für den Christen, nach den vielen Unterredungen noch seinen eigenen Weg zu gehen. So wird es dem Nicht-Christen langsam aber sicher gelingen, seinen Gesprächspartner von seiner Position abzubringen. Hast du fünf ungläubige Freunde, deren Rat in einer bestimmten Sache derselbe ist, wird es dir kaum möglich sein, noch nach dem zu fragen, was Gott von dir will. Hör nicht auf sie, denn sie sagen dir nur das, was ihrem eigenen, von Gott losgelösten Denken entspringt.

2. Tritt nicht auf den Weg der Sünder

Es gibt viele Orte und Plätze, wo du nicht hingehen solltest. Sünder haben ihre eigenen Wege und Treffpunkte. Hast du engen Kontakt mit ihnen, wirst du auf ihren Weg treten, auch wenn du nicht gleich ihre Plätze und Häuser besuchst. Wenn du deinen Freund bis zu seiner Tür begleitest, bist du bald auch in seinem Haus. Gott möchte aber nicht, daß wir im Rate der Gottlosen wandeln und auf den Weg der Sünder treten. Er möchte, daß wir uns von allem fernhalten und ruft uns zur totalen Trennung auf.

3. Sitze nicht, wo die Spötter sitzen

Es kommt kaum einmal vor, daß in einer Runde von Ungläubigen der Name Gottes deshalb mit Ehrfurcht ausgesprochen wird, weil ein Gläubiger am Tisch sitzt. Während den ersten vier Jahren meines Lebens als Christ traf ich viele Ungläubige, die auch in meinem Dabeisein spotteten. Sie lästerten den Namen Gottes. Kannst du da noch länger mit diesen Menschen Gemeinschaft haben? Es kann sogar sein, daß sie nie den Namen Gottes im Munde führten und auch nicht bewußt lästerten, bis sie deine Anwesenheit dazu provozierte. Wie kannst du es bei Menschen aushalten, die sich über deinen HErrn lächerlich machen und über den christlichen Glauben herziehen? Willst du nicht unter Spöttern sitzen, mußt du die Freundschaft mit ihnen meiden.

Eine neue Art von Freundschaft

Wenn die Neubekehrten nach ihrer Wiedergeburt sich mit der Frage der Freundschaft beschäftigen, muß man sie klar darauf hinweisen, daß sie sich neue Freunde suchen sollten. Sie sollen sich mit ganzer Kraft dem Gemeindeleben und der Gemeinschaft mit den Geschwistern zuwenden. An die Stelle der alten Freunde treten nun die Brüder und Schwestern. Extreme sind ungut. Weder Haß noch Nicht-Beachtung soll die Beziehung zu den früheren Freunden nun kennzeichnen, sondern das Bemühen um ihren seelischen Zustand und um ihr Verhältnis zu Gott. Nur kurz sollten die Begegnungen sein. Nicht mehr von weltlichen Dingen sollte geredet werden, sondern die Gespräche sollten nun auch von dem gefüllt sein, was das Leben des zum Glauben Gekommenen ausmacht. Auch zu Gemeindeversammlungen sollte eingeladen werden und Hausbesuche durch andere Gläubige stattfinden.

Nochmals will ich das eine betonen: Wer mit Ungläubigen viel zusammen ist, wird weltlich gesinnt sein, auch wenn er nicht konkret sündigt. Es ist nicht nur falsch, «unreine Lippen» zu haben, sondern auch unter Menschen mit «unreinen Lippen» zu leben. Gebe uns Gott Gnade, daß wir weder selbst sündigen, noch den Wunsch in unserem Herzen tragen, mit sündigen Menschen Gemeinschaft zu haben. Unsere wichtigste Frage sollte sein: Wie gut ist mein Verhältnis zu Gott? Unser zweites Anliegen sollte heißen: Ist mein Verhältnis zu den Geschwistern wirklich in Ordnung? Andere beurteilen zuerst nach dem, was wir sind und dann nach den Menschen, mit denen wir Umgang haben. Ist ein Mensch sehr darauf bedacht, in enger Freundschaft mit Gott zu leben, wird er in Fragen der Gemeinschaft und Freundschaft nicht gleichgültig sein. Er weiß, daß er durch einen falschen Umgang in große Gefahr kommen kann.

Freundschaften in der Gemeinde

1. Nicht nur äußerlich
Gehst du auch davon aus, daß Freundschaft etwas ganz besonderes ist? Freundschaft ist eine Beziehung, die Gegensätze überwinden kann. Deshalb ist sie auch nicht nur äußerlich, sondern durchbricht mit ihrer inneren Kraft Schranken und Grenzen. Ich habe schon erwähnt, daß Vater und Sohn Freunde sein können, auch wenn jeder in seiner ihm zugewiesenen Rolle bleibt. Manche Mütter sind ihren Töchtern nie so freundschaftlich verbunden, da sie nicht über die familiäre Beziehung hinaus wachsen. So gibt es auch Ehen, in denen es sehr sachlich zugeht und jeder ganz nüchtern seinen Verpflichtungen nachgeht. Hier hat man nicht das Gefühl als seien die Eheleute miteinander «befreundet». Im Geschäftsleben kommt es im Normalfall nicht vor, daß ein Chef mit Untergebenen in einem freundschaftlichen Verhältnis steht, und doch kommt es gelegentlich vor. Das alles ist möglich, weil sich Freundschaft über vorgegebene Schranken und Rollenverständnisse hinwegsetzen kann.

Abraham, der Freund Gottes
Es gibt Beispiele, wo Menschen in Freundschaft mit Gott lebten. Abraham war einer davon. Hätte Abraham sich nur wie ein Mensch verhalten, und hätte Gott sich nicht erniedrigt, hätten sie nie zusammenkommen können. Gott mußte sein «Heiligtum» verlassen und Abraham mußte bewußt auf Gott zugehen, damit die Freundschaft zustande kommen konnte.

Jesus, der Freund der Sünder
Hätte Jesus nur auf seine Stellung geachtet, hätte er nicht der Freund der Sünder werden können. Hätte Jesus nicht seine erhabene Position aufgegeben, hätte er zwar Retter, aber nicht Freund für uns Menschen sein können. Ich hoffe, daß du erfassen kannst, was es bedeutet, daß Christus unser Freund ist. Was hat der Gerechte mit dem Ungerechten zu tun? Er ist der Richter, wir sind

die Gerichteten. Er ist der Retter und und wir die Geretteten. Hätte er sich nicht entäußert und wäre er nicht Mensch geworden, hätte er nicht unser Freund werden können. Aber er hat es getan, und darum kann er uns auch dahin führen, ihn als unseren HErrn und Heiland anzunehmen.

Die Freunde des Johannes

Wenn ein Gotteskind eine bestimmte Zeit unter gläubigen Geschwistern gelebt hat und eine tiefere Erkenntnis Gottes erlangte, glaube ich, daß es in der Gemeinde Freunde finden kann. Schon allein das zeigt, daß eine Wandlung geschehen sein muß. Das kommt im 3. Johannesbrief auch besonders zum Ausdruck. Dieser Brief entstand, als Johannes schon sehr betagt war. Es ist anzunehmen, daß er 30 Jahre nach dem Märtyrertod von Paulus geschrieben wurde. Als Johannes sich an die Abfassung des Briefes machte, war Petrus nicht mehr da, Paulus weilte nicht mehr unter den Lebenden und der Rest der zwölf Apostel war auch schon tot. Er schreib nicht als Apostel, sondern als Ältester (Vers 1) und er war wirklich schon ein alter Mann. Ich habe seinen dritten Brief besonders gern. Er unterscheidet sich wesentlich von den anderen zwei: Im ersten Brief spricht er von «Vätern», «Jünglingen», «Kindlein», also in einer förmlichen und offiziellen Weise. Im letzten Vers seines letzten Briefes kommt jedoch etwas anderes zum Ausdruck.

Er stand davor, diese Welt zu verlassen und war wahrscheinlich über 90 Jahre alt. Viel hatte er mit Gott erlebt und ein langes Glaubensleben lag hinter ihm und das alles gab mit den Ausschlag, daß er nicht mehr die Anrede Bruder, Schwester, Kindlein, Jünglinge usw. gebrauchte, sondern seinen Brief mit «Es grüßen dich die *Freunde* — grüße die *Freunde* mit Namen» schloß.

Kannst du erkennen, was hier mitschwingt? Hier war ein alter Mann, der all seine Freunde überlebt hatte und doch von «Freunden» reden konnte. Wie leicht hätte der über Neunzigjährige auf den Sechzigjährigen herunterschauen und ihn als «Jüngling» bezeichnen können, aber er hat es nicht getan. Stattdessen redet er von den Freunden und vergißt dabei jegliche äußerlichen Unterschiede. Wie sich der HErr erniedrigte und der Freund von Sündern wurde und wie Gott Abraham zu seinem Freund machte, so behandelt auch hier Johannes diese Kindlein, Jünglinge und Väter wie seine Freunde.

2. Als Geschwister

Eines Tages werden die jungen Geschwister in der Gemeinde vielleicht auch dieses Stadium erreichen. Bis sie aber soweit sind, sind sie in die Schar der Geschwister hineingestellt. Die Freundschaft unter Gläubigen nimmt eine ganz besondere Stellung ein, und nur wer eine gewisse Reife erlangt hat, wird, wie Johannes, auch die «Kindlein» zu Freunden machen können. Du wirst ihnen an geistlichem Wachstum voraus sein und sie durch die Gemeinschaft mit dir weiterbringen. Ist dieser Zustand jedoch noch nicht erreicht, mußt du in der Gemeinde nicht Freundschaft, sondern Bruderschaft pflegen.

Ist es nicht eine Besonderheit, daß die Gemeinde großes Gewicht auf alle möglichen Dinge, nur nicht auf die Freunschaft legt? Das kommt sicher daher, daß Freundschaft auf einer ganz anderen Ebene sich entwickelt, als es im normalen Gemeindeleben möglich wäre. Nur wer so weit ist in seinem Glauben und in seiner Persönlichkeitsentwicklung, daß er andere weiterbringen kann, wird andere zu seinen Freunden machen dürfen. Das trifft jedoch beim normalen Gemeindeglied nicht zu. Sie sollen vielmehr darauf achten, zu einem positiven Zusammensein unter Geschwistern beizutragen. Wenn sie sich von früheren ungläubigen Freunden lösen und sich ganz in die Gemeinschaft eingliedern, werden sie dort «Heimat» genug finden und den Weg der Nachfolge ohne große Schwierigkeiten gehen können.

Freizeit, Erholung

«Es ist alles erlaubt; aber es frommt nicht alles! Es ist alles erlaubt; aber es erbaut nicht alles!» (1. Kor. 10,23)

«Alles ist uns erlaubt; aber nicht alles frommt! Alles ist mir erlaubt; aber ich will mich von nichts beherrschen lassen.»
(1. Kor. 6,12)

«Ihr esset nun oder trinket oder was ihr tut, so tut es alles zu Gottes Ehre!» (1. Kor. 10,31)

Die Voraussetzung: Hingabe

Für einen in Hingabe an Gott lebenden Christen bereitet die Erholung keine Schwierigkeiten. Wer hier Probleme hat, muß sich ernsthaft überprüfen, ob er sein Leben auch wirklich ganz Gott übergeben hat. Das muß geklärt sein, bevor man sich der Frage der Erholung und Entspannung bei Gläubigen zuwendet. Was hätte es für einen Wert, diese Problematik anzuschneiden, wenn die Frage nach der Hingabe an Gott noch nicht geklärt ist? Wer sich Gott nicht geweiht hat, wird begehren, was Gott nicht will.

Der Zweck der Erholung

Die Bedürfnisse der Familie bilden den ersten Grund, warum Freizeit nötig ist. Nicht für uns selbst ist diese Zeit gedacht, sondern mehr für die Beschäftigung mit unseren Kindern. Wenn unser Leben ganz Gott gehört, werden wir nicht viel Zeit für die eigene Erholung verwenden. Es sind nicht nur Kinder in der eigenen Familie, sondern auch in der Gemeinde, um die man sich kümmern muß. Diese jungen Menschen sind unserer Obhut anbefohlen. Haben sie ihrerseits ihr Leben auch Gott übergeben, treten keine Schwierigkeiten auf. Es kann jedoch sein, daß die Nichten und Neffen oder auch die eigenen Kinder nicht entschieden dem HErrn nachfolgen. Ist dies der Fall, so kann unser Einfluß von großer Bedeutung für sie sein. Alles, was wir erlauben oder verbieten, wird einen Einfluß auf ihr Leben haben.

Weil die jungen Leute richtige Anleitung und Wegweisung brauchen, ist die Klärung der Freizeitfrage gerade für die Eltern von besonderer Bedeutung. Das zweite Ziel der Freizeit ist es, sich selbst Erholung zu verschaffen. Ein Gläubiger braucht von Zeit zu Zeit einen «Tapetenwechsel». Dabei ist nur die Frage, wie stark und von welcher Art die Veränderung sein muß. Da Erwachsene, genau wie Kinder, ab und zu etwas Abwechslung brauchen, gehört die Frage der sinnvollen Freizeitgestaltung zu den Dingen, die der Gläubige ernsthaft vor Gott bringen sollte. Hier vom Glauben her eine Antwort zu finden, dürfte für Erwachsene weitaus einfacher sein als für Kinder. Was erlauben und fordern wir bei unseren Kindern in ihrer Freizeit? Jedes Gotteskind muß in dieser Sache Klarheit haben. Gibt es hier Dinge, die nicht geklärt sind, wird der Feind leichtes Spiel haben. Es soll also in dieser Lektion um die Freizeit gehen, weil diese immer auch mit dem Glaubensleben der einzelnen Familienmitglieder zusammenhängt.

Grundregeln für die Freizeitgestaltung

1. Notwendigkeit

Erholung entspricht dann Gottes Willen, wenn die Lage und die Konstitution des Menschen diese notwendig machen. Ein Christ sollte nicht in Extreme verfallen. Jeder Mensch, auch der Gläubige, braucht Entspannung. Viele Leute sind so mit Arbeit überlastet, daß sie krank werden würden, wenn sie sich nicht auf irgendeine Art Erholung verschaffen würden. Folglich ist die Wiederherstellung des körperlichen Wohlbefindens und der Leistungskraft das Grundprinzip der Freizeitgestaltung. Dies gilt besonders für junge Leute. Du kannst von deinen Kindern nicht verlangen, daß sie von morgens bis abends lernen, sondern mußt ihnen die Möglichkeit gewähren, sich zu zerstreuen, um auf andere Gedanken zu kommen. Das ist ein Grundsatz, der beachtet werden sollte.

Die Freizeit dient also der Erneuerung. Arbeitet ein Mensch fünf oder acht Stunden an einer Aufgabe wird er zwangsläufig müde. Seine Nerven werden strapaziert und sein Körper geschwächt. Um wieder fit zu sein, bedarf es einer Abwechslung. Ein Kind beispielsweise muß, wenn es mehrere Stunden in der Schule verbracht hat, beim Nachhausekommen zunächst einmal eine Weile spielen. Hier ist das Spielen des Kindes genau das Richtige, denn es dient zu seiner Entspannung. Spielt es jedoch acht Stunden ohne Unterbrechung, wird das Ergebnis gleich anders aussehen. Abwechslung ist notwendig, aber es ist ungerechtfertigt, seine ganze Zeit dafür zu verwenden. Im Sommer gehen die Leute gern schwimmen, und es ist ja auch nichts Schlimmes dabei. Möchte sich jemand nach der Arbeit durch ein Bad erfrischen, kann er ruhig eine halbe oder auch ganze Stunde im Wasser bleiben. Wer länger schwimmt, hat nicht mehr die Erholung im Auge, sondern hat andere Motive. Wir müssen den Unterschied hier deutlich sehen.

Wenn man hinausgeht, um die Botschaft zu sagen, kommt es gelegentlich vor, daß einem gesagt wird, daß Christen kein Recht auf Freizeit haben. Wer so redet, weiß nicht, was er sagt. Im Grunde haben nur wenig Menschen in Bezug auf ihre Freizeit Schwierigkeiten, mit Ausnahme von denen, die sich in zuviel Vergnügen stürzen. Wenn man eine Sache so betreibt, daß man ganz gefangen davon ist, kann man schwerlich von Entspannung reden. Es gibt Leute, die drei Tage lang unaufhörlich spielen. Die Freizeitbeschäftigung wurde zu ihrer Hauptsache. Nur solche Leute sagen, daß es schwer sei, ein Christ zu sein, weil sie in Extremen leben. Für sie ist nicht die Erneuerung durch die Freizeit, sondern die Einschränkung der freien Zeit von Wichtigkeit. In dem Moment, wo einem die Freizeit zur Hauptsache wird, läuft man Gefahr, vom richtigen Weg abzukommen. «Alles ist mir erlaubt, aber ich will mich von nichts beherrschen lassen.» (1.Kor. 6,12) Es ist ein großer Fehler, wenn man sich von irgendetwas beherrschen läßt.

2. Verschiedene Möglichkeiten

Die Freizeitgestaltung kann sehr verschieden aussehen. Ein Christ kann folgende Dinge guten Gewissens tun:

RUHEN — Die wohl beste Möglichkeit für einen Christen sich zu entspannen, ist das Ausruhen. Wenn immer ich müde bin, ruhe ich ein wenig aus. Als Jesus und seine Jünger müde waren, sagte er zu ihnen: «Kommet ihr allein abseits an einen einsamen Ort und ruhet ein wenig.» (Markus 6,31) Ihr Ruhen beinhaltet den Aspekt des Erholens. Er sagt nicht: «Ruhet ein wenig», sondern ausdrücklich: «Kommet abseits an einen einsamen Ort und ruhet ein wenig.» Oft können wir unsere Müdigkeit überwinden, wenn wir in der Natur draußen auf einem Hügel oder am Wasser ruhen.

ANDERE ARBEIT — Manchmal merkt man bei einer eintönigen

Arbeit so richtig, wie man abstumpft und schwerfällig wird. Man sollte in diesem Fall seine Arbeit unterbrechen und etwas anderes tun. Gewöhnlich arbeitet man acht Stunden. Zwei davon sollte man für andere Arbeiten verwenden. Sitzt man beispielsweise den ganzen Tag, sollte man von Zeit zu Zeit aufstehen. Ist man ständig geistig angespannt, sollte man für den körperlichen Ausgleich sorgen. Das wird der Ungläubige zwar nie als Erholung bezeichnen, wenn man sich von einer Arbeit durch eine andere erholen will, aber es kann dadurch die Müdigkeit besiegt werden. Außerdem handelt es sich hier um etwas, das leicht durchführbar ist. Da es in der Freizeit um Erneuerung und Wiederherstellung gehen soll, wird auch die Änderung der Tätigkeit einen Beitrag dazu leisten können.

HOBBIES — Es gibt viele Hobbies, die ein Christ haben kann. Manche machen gern Fotos. Manche mögen Tiere gern. Andere wiederum lieben Blumen. Wieder andere malen gern oder lieben die Musik und spielen Klavier oder versuchen sich im Liedermachen. Manche üben sich in der Schönschreibekunst. All diese Freizeitbeschäftigungen kann ein Christ guten Gewissens ausüben. Es gibt jedoch einen Grundsatz, den es hier zu beachten gilt: Man muß anfangen aber auch aufhören können. Wenn man sein Hobby nicht weglegen kann, stimmt etwas nicht. Es ist z.B. keineswegs verwerflich, Bilder zu machen und sich für die Photographie zu interessieren, aber es darf einem nicht zu wichtig werden. Wer sich geistlich gesehen auf dem rechten Weg befindet, wird hier keine Schwierigkeiten haben. Wer unter einem Zwang steht, sein Hobby auszuüben, wird deshalb seine geistliche Verfassung überprüfen müssen. Ein junger Christ mag durchaus ein Instrument spielen, aber es wird ihm dann zum «Götzen», wo er es nicht mehr lassen kann. Junge Gläubige haben oft besondere Schwierigkeiten, eine bestimmte Lieblingsbeschäftigung aufzugeben. Wird einer von seinem Instrument gefangengenommen, ist er kein geistlicher Christ. Wenn es über ihn Macht gewinnt, ist es verwerflich.

Eine andere Veranschaulichung. Nehmen wir an, einige junge Gläubige sammeln gern Briefmarken. Es ist nichts Schlimmes dabei, im Gegenteil, es kann sehr hilfreich sein, da es den Jugendlichen Einblick in die geographische Lage oder auch in die Geschichte eines Landes nehmen läßt. Erst in dem Moment, wo es nicht mehr zur Erholung und Entspannung dient, sondern zum Selbstzweck wird, kann man nicht mehr von sinnvoller Freizeitgestaltung reden. Eltern sollten ihren Kindern hier hilfreich zur Seite stehen. Ich habe Kinder getroffen, die durch extrem strenge Eltern so gestört waren, daß sie aus der Familie ausbrachen und sich einer fragwürdigen Freizeitbeschäftigung zuwandten. Wer aus der eigenen Familie eine «Fabrik» macht, wird Kinder großziehen, die der Trostlosigkeit und Geschmacklosigkeit des Elternhauses den Rücken zukehren und vielleicht sogar die Schule schwänzen, um spielen zu können.

SPIELE — Es gibt viele anspruchsvolle Spiele wie z.B. Schach oder bestimmte Ballspiele, die empfehlenswert sind. Auch das Reiten gehört dazu. Die meisten Spiele haben zwar die Leistung im Vordergrund und beruhen auf dem Prinzip: Sieg oder Niederlage, aber das ist hier nicht tragisch. Kinder möchten ja ihr ganzes Können beim Tischtennis, Korbball, Tennis oder beim Schachspiel zeigen. Es ist grundsätzlich nichts Schlechtes an diesen Spielen und Eltern sollten hier ein gewisses Entgegenkommen zeigen. Ältere Menschen mögen nicht mehr die Zeit und Kraft für anstrengende Sportarten haben, aber sie sollten deswegen den Jüngeren ihr sportliches Engagement nicht gering achten. Ehrlich gesagt, wir wollen ja, daß sie Zeit mit dem HErrn zubringen, aber sie brauchen ja auch ihren Spaß bei Sport und Spiel und wir sollten uns mit ihnen freuen.

Wir haben vier Arten der Freizeitbeschäftigung erwähnt: Ruhe, Abwechslung bei der Arbeit, Hobbies und Spiele. All diese Dinge sind nicht verwerflich für einen gläubigen Menschen, solange er nicht in Abhängigkeit davon gerät.

3. Zum Arbeiten befähigen

Warum brauchen wir die Freizeit? Nun, sie hilft einem, seine Arbeitskraft wieder zu erneuern. Erholung geschieht nicht zum Selbstzweck. Man spielt ja nicht Ball, einfach um gespielt zu haben. Man geht nicht ins Bett, weil man gern schläft, sondern man ruht sich aus, damit man wieder arbeiten kann. Ich beschäftige mich nicht nur mit meinen Blumen, weil es mir Freude macht, sondern auch, weil ich dadurch für die zu bewältigende Arbeit wieder befähigt werde. All diese Dinge sind ja letztlich brauchbar, weil sie uns wieder befähigen, unsere Arbeit zu tun und uns helfen, Gott noch besser und intensiver zu dienen. Wir sollten deshalb auch keinen Anstoß daran nehmen, wenn sich andere eine Verschnaufpause gönnen. Es gibt ja Leute, die Tag und Nacht an einer Sache arbeiten und nicht vorwärts kommen, obwohl sie zwei oder drei Wochen dranbleiben. Ihre physische und psychische Kraft erlahmt dabei völlig. Wäre es da nicht besser, wenn sie sich als gläubige Menschen fragen würden, ob Gott es vielleicht viel lieber sieht, wenn sie jetzt einmal ausspannen. Nach stundenlanger Arbeit ist eben das Klavierspiel oder der Tennismatch genau das Richtige, um den nötigen Ausgleich zu schaffen. Manchmal kann es auch von Nutzen sein, wenn man eine kleine Reise macht.

Jesus praktizierte dies, als er sich in die Wüste zurückzog, um zu ruhen. Aber du kannst auch zuhause mit deinen Kindern Ball spielen.

Macht dich deine Freizeitbeschäftigung für die Arbeit untauglich, lebst du nach dem falschen Prinzip. Man sollte die Gartenarbeit beispielsweise nicht zur Hauptarbeit machen, sondern sie vielmehr als Ausgleich am Feierabend betreiben. Überhaupt ist jegliche Übertreibung hier ungut. Wer zu lange frei nimmt und über die eigentliche Ferienzeit hinaus Urlaub macht, wird sehr schnell den Mißmut seiner Umwelt auf sich lenken. Christen dürfen nicht als faul gelten, sondern müssen ihre Arbeit gewissenhaft und korrekt tun. Die Freizeit darf nicht Anlaß zur Kritik werden. Als Christen sollen wir alles so tun, daß der Name Gottes durch uns verherrlicht wird.

4. Keine Glücksspiele

Eine Grundvoraussetzung sollte bezüglich Spiele erfüllt sein: Es sollte immer ein Stück Können dabei sein. Der Erfolg sollte nicht auf bloßem Glück beruhen. Christen sollten nichts mit Glücksspiel zu tun haben. Spiele, zu denen sowohl Können, als auch eine gehörige Portion Glück dabei ist, gehören nicht zu den Freizeitbeschäftigungen eines gläubigen Menschen. Es muß noch nicht einmal das Spiel um Geld sein. Jedes Würfelspiel, und wenn es dabei um keinen Pfennig geht, ruft beim Menschen die Hoffnung wach, das Glück könnte «auf seiner Seite stehen». Schach oder Dame hingegen fordern Konzentration und Können und sind deshalb gerade auch für junge Menschen förderlich. So kann man, grob gesagt, alle Spiele in zwei Kategorien einteilen: Glücksspiele und Spiele, die ein gewisses Können erfordern. Nochmals — egal, was andere darüber denken: Für Christen ist das Glücksspiel verwerflich und sollte nicht praktiziert werden. Auf das Glück hat man keinen Einfluß, während man sein Können steigern kann.

5. Je nach Bedürfnis

Unsere Freizeit muß unseren Bedürfnissen gerecht werden. Haben wir einen großen Nachholbedarf an Erholung, ist auch eine längere Ruhepause gerechtfertigt. Es gibt vielleicht Leute in der Gemeinde, die den Eindruck erwecken, als brauchten sie keine Entspannung, obwohl sie ständig auf den Beinen sind. Andere wiederum tun wenig und sind doch ganz abgeschafft. Es kann sein, daß die, die am lautesten nach Freizeit schreien, sie am wenigsten nötig haben, während die ewigen Schaffer, die auf jede Erholung verzichten, sie bitter nötig hätten. Es ist dumm, hier Regeln aufzustellen. Ein Christ muß selbst beurteilen, wieviel Ausgleich er braucht. Sein Maßstab sollte in allem sein, daß seine ganze Zeit Gott gehört. Von daher sollte er immer mit der Frage leben, wie er am besten für Gott brauchbar sein kann. Das Leben wird mit der Zeit gemessen. Zwei Stunden zu verbummeln, bedeutet zwei Stunden Leben zu verschenken. Deshalb ist auch der Zusammenhang zwischen Arbeit und Erholung so wichtig. Wäre die Freizeit bloßer Zeitvertreib und nicht die Zeit des «Auftankens», müßte man tatsächlich von einem Zeitverlust oder auch von einem Verlust eines Stück Lebens reden.

Manchmal können ältere Geschwister den Rat geben, etwas zu entspannen, weil man so richtig spannungsgeladen ist. Manchmal ist es auch der Arzt, der eine Erholung empfiehlt. Hier ist es offensichtlich, daß eine Notwendigkeit vorliegt und es sollte diesem Rat auch Folge geleistet werden. Besonders der junge Mensch braucht seine Zeit der Entspannung. Eltern sollten hier nicht dagegen arbeiten, nur, weil sie dieses Bedürfnis nicht verspüren. Wer hier kein Verständnis aufbringen kann, trägt dazu bei, daß seine Kinder eine sündhafte Freizeitbeschäftigung annehmen.

6. Zum Wohle der Gesundheit

Abgesehen davon, was man in seiner Freizeit auch tut, es darf für den Körper nicht schädlich sein. Das ist eine weitere Grundbedingung: Freizeit muß dem Körper wohltun. Hat ein Bruder beispielsweise Tuberkulose, muß er seine Freizeit so verbringen, daß seine Krankheit dadurch nicht verschlimmert wird. Oder klagt eine Schwester wegen Herzbeschwerden, dann kann sie nur leichtere Sportarten betreiben, die ihr Herz nicht zusätzlich belasten. Ich hoffe, daß es uns allen klar ist, daß unser Leib dem HErrn gehört. Tun wir etwas für unser leibliches Wohl, tun wir es für den HErrn. Nichts tun wir für uns selbst. Schaden wir durch Überarbeitung unserem Körper und nehmen wir uns nicht die Zeit, einmal richtig auszuspannen, entsteht ein großer Nachteil für uns selbst. Es ist nicht nur falsch, unseren Körper mit unguten Dingen zu zerstören, sondern es ist genauso verwerflich, wenn wir uns mit guten und ordentlichen Aufgaben zugrunde richten. Der Körper eines Gotteskindes gehört nicht ihm selbst. Es sollte hier nicht um den persönlichen Geschmack oder das Gefallen oder Mißfallen gehen. Verspürt das Mädchen mit ihrem Herzleiden Lust, mit den andern herumzutollen, muß sie die Konsequenzen tragen. Was hier für den einen gut ist, ist für den andern verwerflich.

Möge jeder Gläubige erkennen, daß alles, was wir tun, für den HErrn getan ist. In allem ist es unser Ziel, Gott besser dienen zu können. Ich möchte nicht, daß junge Gläubige schon früh sterben müssen. Ich hoffe vielmehr, daß es ältere Brüder und Schwestern in der Gemeinde gibt. Es besteht ja ein großer Unterschied zwischen den Älteren in der Welt und ebengenannten Geschwistern.

Im weltlichen Bereich verliert einer im Alter seine besondere Stellung und wird zur Seite gedrängt. In der Gemeinde jedoch sind es nicht so sehr die jungen, sondern die älteren Geschwister, die den Weitblick haben und tiefere und reichere geistliche Wahrheiten berühren. Fehlen in einer Gemeinde diese älteren Geschwister, dann ist sie arm dran. Auch das ist ein Grund, warum ich dafür spreche, daß junge Leute auf ihre Gesundheit achten. Ein früher Tod würde der Gemeinde ein Glied rauben und somit auch all die Erfahrungen, die es in das Gemeindeleben hätte mit einbringen können. Bevor die Leute dann zum echten Nutzen für die Gemeinden werden, sterben sie. Die Gemeinde aber kann solche «Verluste» nur schlecht hinnehmen. Wenn wir als Christen Sport betreiben, geht es uns nicht darum, Wettkämpfe zu betreiben und Rekorde zu brechen, wie es die Athleten tun, sondern der Sport dient lediglich zu unserer körperlichen Ertüchtigung.

7. Individuelle Gestaltung
Was wir als Freizeitbeschäftigung wählen, hängt nicht nur von unserer körperlichen Konstitution, sondern natürlich auch von unseren persönlichen Neigungen ab. Wenn man das tun kann, was einem wirklich Spaß macht und was einem entspricht, erholt man sich am besten. Was man nicht freudig tun kann, ist mehr Arbeit als Erholung und kann nicht die Geisteskraft wiederherstellen, die Nerven beruhigen oder zu einer wirklichen Entspannung führen. Wenn man einem jungen Mädchen, das Blumen liebt, aufträgt, es

solle diese gießen, wird es nach einer halben Stunde nicht müde sein, sondern sich geradezu dabei erholt haben. Bittet man dagegen jemanden, der mit Blumen überhaupt nichts anzufangen weiß, dann kann ihm schon diese halbe Stunde zur Last werden. Folglich besteht ein deutlicher Zusammenhang zwischen Erholung und den persönlichen Neigungen eines Menschen. So hat auch jeder Mensch seine ganz individuelle Methode, wie er sich am besten entspannen kann. Es gibt Leute, die mit Pflanzen sehr viel anfangen können, andere wiederum lieben Tiere. Es ist tatsächlich so, daß die einen gerade durch das Entspannung finden, was die anderen Nerven kostet. Möge deshalb auch jeder selbst wählen, was ihm dienlich ist.

8. Kein Stein des Anstoßes

Als Christen müssen wir in allen Dingen vorbildlich handeln. Sogar in unserer freien Zeit dürfen wir nicht einfach tun und lassen, was wir wollen, sondern müssen darauf achten, durch unser Handeln nicht zum Anstoß zu werden. Wir leben nicht für uns selbst — wir leben für den HErrn und für unsere Geschwister im HErrn. Da wir als Christen immer auch einen gewissen Einfluß ausüben, müssen wir besonders darauf achten, daß wir nicht von uns selbst, sondern vom anderen ausgehen. Gott möchte, daß wir Christen so ansteckend sind wie eine Seuche. Wir dürfen uns nicht beklagen und sagen: «Warum schauen andere auf uns?» Aber auf wen sollen sie schauen, wenn nicht auf uns? Kann eine Stadt, die auf einem Berge liegt verborgen bleiben? Kann ein Licht im Dunkeln unsichtbar bleiben? Egal, wie wir uns fühlen — wir dürfen nie vergessen, daß jüngere Geschwister durch unser Handeln beeinflußt werden. Werden wir sie durch die Dinge, die wir tun, prägen? Wenn wir wirklich in der Nachfolge stehen, werden wir als Gotteskinder mit der Zeit auch ein feines Gespür entwickeln, wie wir uns zu benehmen haben. Wir haben nicht nur eine Verantwortung gegenüber Gott, sondern auch gegenüber den Geschwistern.

Ich für meinen Teil esse gern Fleisch und mache mir dabei überhaupt kein Gewissen. Nimmt jedoch ein anderer Anstoß daran, dann verzichte ich darauf. Ähnlich kann es mit irgendeiner Freizeitbeschäftigung sein, die mir zwar behagt, den anderen aber in Gewissensnot stürzt. Wir müssen in dem, was wir tun, immer vom Schwächsten ausgehen. Auf die Schwachen im Glauben müssen wir Rücksicht nehmen. Die Bibel sagt uns: «sehet aber zu, daß diese eure Freiheit den Schwachen nicht zum Anstoß werde!»

(1. Kor. 8,9) Obwohl wir wissen, daß die Götzenbilder tote Statuen sind, suchen wir sie doch nicht auf, aus Rücksicht auf die Schwachen im Glauben, denen das zu schaffen machen könnte. Die Frage nach dem Gewissen des anderen sollte all unser Tun bestimmen. Was den anderen im Glauben zurückwirft oder in irgendeiner Form belastet, sollten wir nicht tun.

Was ist nun aber in der Situation zu tun, wo du ein gutes Gewissen bei irgendeiner Sache hast und der andere hat es nicht? Nun, es kann dir nicht allein um dein gutes Gefühl gehen, solange der andere keinen Frieden über die Sache hat. Trete um seinetwillen lieber davon zurück und verzichte. Kann irgendein Gläubiger eine Sache nicht guten Gewissens tun, dann rühme dich nicht deiner «Freiheit». Es kann ja sein, daß du tatsächlich die bestimmte Sache hättest tun können, ohne dabei in Sünde zu fallen. Durch dein achtloses Gerede wurde jedoch der Schwache im Glauben zur Sünde verführt, weil er der Versuchung nicht gewachsen war. So gibt es auch im Bereich der Freizeitgestaltung viele Dinge, die für den Christen nicht in Frage kommen. Es ist uns alles erlaubt, aber er frommt nicht alles. Wer wirklich vom andern aus denkt und mit berücksichtigt, was dem anderen zum Anstoß werden könnte, wird immer noch genug Möglichkeiten finden, sich in seiner Freizeit wirklich zu entspannen und zu erholen.

9. Was als inkorrekt bezeichnet wird

Alles was Ungläubige als unschicklich und unanständig bezeichnen, können wir nicht in unser Freizeitprogramm mit aufnehmen. Ja, es gibt selbst Dinge, die sie billigen würden und die trotzdem nicht in die Freizeitgestaltung von uns Christen gehören. Dies sind die zwei Grundregeln für Christen im Bezug auf Ungläubige. Einmal, daß man das unterläßt, an was sie Anstoß nehmen würden und zum anderen, daß man das nicht praktiziert, was dem christlichen Glauben widersprechen würde. Tanzen und Glücksspiel können wir nicht gutheißen.

Es hat im Grunde keinen Wert, mit Leuten lange über Freizeitgestaltung zu argumentieren. Nehmen wir an, daß man in einer gewissen Gegend vom christlichen Standpunkt aus das Ballspiel ablehnt. Da aber unser Leben Gott und nicht dem Fußball gehört, haben wir es gar nicht nötig, das Ballspiel zu verteidigen oder zu rechtfertigen. Wir können getrost dazu schweigen. Wichtig ist, daß unser Verhalten einwandfreier ist als das von Ungläubigen.

Wenn Gläubige an bestimmten Orten Schach für tabu erklären, müssen wir nicht meinen, wir müßten dafür sprechen. Wir dürfen keine Stunde damit vertun, die Tadellosigkeit des Schachspiels zu verteidigen. Unser Ziel ist es, Gott zu verherrlichen und nicht Leute in solchen Nebensächlichkeiten belehren zu wollen. Wird in einer bestimmten Gegend eine bestimmte Sache abgelehnt, und sei es eine ganz harmlose Sache wie Angeln, brauchen wir nicht meinen, wir müßten es gerade aus Protest tun. Wir sollen dann davon Abstand nehmen und gerade durch unseren Verzicht auch Ungläubigen gegenüber ein Zeugnis sein.

Es ist nicht nur wertlos, sondern auch dumm, sich in diesen Fragen zu streiten. Einige Missionare haben ein sehr schlechtes Verhältnis zu den Eingeborenen, weil sie auf einer bestimmte Sitte bestehen und eine bestimmte Art von Unterhaltung fordern. Es ist aber falsch, durch diese nebensächlichen Fragen eine ganze Arbeit zu zerstören. Wir müssen uns auf das wirklich Wesentliche konzentrieren. Kommen Christen in eine Gegend, wo viele Moslems wohnen, — können sie dann wie üblich ihr Schweinefleisch essen, einfach weil sie als Christen die Freiheit dazu haben? Nein, um die Arbeit an diesen Menschen nicht zu gefährden, müssen sie auf das Schweinefleisch verzichten, weil es dort einfach ein Tabu ist. Halten sich Missionare in einem an Tibet angrenzenden Gebiet, genannt Sikkim, auf, werden sie nicht fischen können, weil dort das Fischen ein Tabu ist. Würden sie es trotzdem tun, wäre das nicht richtig.

Diese neun besprochenen Punkte sollten mit den Jungen im Glauben durchgegangen werden und sie sollten von erfahrenen Christen Anleitung bekommen, nach diesen Grundvoraussetzungen im Bezug auf ihre Freizeit zu leben.

Eine Freizeitbeschäftigung muß keine Einbuße an Geistlichkeit bedeuten

Zuletzt will ich noch eine recht einfache Begebenheit erzählen. Die Keswick Tagung ist ein großes Treffen in England und muß wohl als eine ganz besondere Zusammenkunft angesehen werden. Jedes Jahr kommen Menschen aus der ganzen Welt, um sich dort zu treffen. Die Besucherzahl liegt gewöhnlich bei fünf-oder sechstausend und ich glaube, daß auf dieser Sache der Segen Gottes liegt.

Einer der Hauptredner dort war Evan Hopkins, ein Mann, den man den Theologen von Keswick nannte. Er war einer der ersten, die erkannten, was es bedeutet, mit Christus gekreuzigt zu sein. Hopkins war wirklich ein feiner Zeuge Jesu. Er hatte auch ein besonderes Hobby. Immer, wenn er gerade frei war, malte er gerne. Zuerst malte er recht gewöhnliche Dinge, bis er dann seiner Enkelin zuliebe nur noch Hasen zu malen begann.

Immer wieder kam es vor, daß er für seine Enkelin diese Hasen malte und als er dann starb, hatte er mehrere tausend Hasenbilder fertiggestellt. Später brachten dann einige Verleger ein Buch über Hopkins Hasen heraus. Wenn man die einzelnen Gemälde genau betrachtet, erkennt man sofort, daß Hopkins ein sehr intelligenter Mann gewesen sein muß. Keiner der Hasen gleicht dem anderen. Ein anderes Hobby von ihm war, kleine Radierungen und Stiche herzustellen. Er hat das ganze Vaterunser auf einem kleinen Schillingstück untergebracht. Ich sage das nicht, um irgend jemand zur Nachahmung aufzufordern, sondern, um zu verdeutlichen, daß jemand sehr geistlich sein kann und zur gleichen Zeit ein außergewöhnliches Hobby haben kann. Ja, es ist sogar oft so, daß diese Dinge den Menschen anregen, und es ist nicht so, daß große Gottesmänner langweilige Leute wären. Ein wahrer Christ ist nicht fade, aber er ist unschuldig, schlicht und natürlich.

Ein anderer Mann, der bekannt sein dürfte, war George Müller. Er war ein Mann des Gebets. Als ein Mädchen ihn darum bat, um einen bunten Wollball zu beten, tat er es wirklich und sie erhielt den Ball. Später wurde das Mädchen mit dem Namen Abigail zu einer bekannten Persönlichkeit in ganz England. Beim Lesen ihrer Biographie wird jeder erkennen, welch tiefe Erkenntnisse sie in geistlichen Dingen hatte. Zu dem ganzen Freizeitbereich läßt sich sagen, daß er einen im Glauben nicht hindern muß, wenn er nicht auf Kosten der Gesundheit und anderer Menschen ausgefüllt wird.

Reden

«Wes das Herz voll ist, des geht der Mund über», sagt Jesus in Matth. 12,34. Das Reden des Menschen offenbart, was er im Herzen hat. Manchmal zeigen nicht einmal die Taten, was in einem Menschen vorgeht, aber seine Äußerungen verraten ihn. Oft achtet man sehr darauf, daß das, was man tut korrekt und untadelig ist, aber man kann seine Zunge weniger im Zaum halten. Was ein Mensch redet, offenbart seine wirklichen Gedanken. Das, was ihn letztlich beschäftigt und was er wirklich im Herzen trägt, das redet sein Mund. Kommt eine Lüge über die Lippen, so war sie vorher im Herzen. Ist eine Person sehr schweigsam, dann ist es schwer zu sagen, was sie im Schilde führt. Hat jemand hingegen eine lose Zunge, dann liegen auch seine Gedanken offen da. Oft erkennt man den Geist eines Menschen erst, wenn er den Mund aufmacht und sieht seine wirkliche Haltung Gott gegenüber nur, wenn er darüber redet. Wenn wir unser Leben Gott übergeben haben, müssen wir es ganz neu lernen, wie wir nun leben und reden müssen. Das Alte ist vergangen! Es ist alles neu geworden.

Wie wir reden müssen

Es gibt einige Stellen in der Bibel, die uns sagen wollen, wie wir als Christen zu reden haben. Wir wollen sie der Reihe nach durchgehen.

1. Ohne Lüge

«Ihr seid von dem Vater, dem Teufel, und was euer Vater begehrt, wollt ihr tun; der da war ein Menschenmörder von Anfang an und ist nicht bestanden in der Wahrheit, denn Wahrheit ist nicht in ihm. Wenn er die Lüge redet, so redet er aus seinem Eigenen, denn er ist ein Lügner und der Vater derselben (Joh. 8,44).»

Satan — der Vater der Lüge

Wenn Satan von Lüge redet, redet er von sich selbst, denn er ist ein Lügner. Heute jedoch ist er noch mehr als ein Lügner; er ist der Vater der Lüge. Wie weitverbreitet ist doch die Lüge in unserer heutigen Welt. Es gibt so viele Lügner, wie es Gebundene an

Satan gibt. Sie lügen für ihn, denn er benötigt die Lüge, um sein Reich aufzurichten und Gottes Werk zu schaden. Jeder, der Satan gehört, kennt die Techniken der Lüge und macht Gebrauch davon.

Sobald jemand das Wunder der Wiedergeburt erfahren hat, muß er die Grundlektion lernen, mit seinen Worten richtig umzugehen. Er muß der Lüge widerstehen, auch der Notlüge, und muß sich davor hüten, unwahre Dinge zu sagen. Dazu gehören auch Über- oder Untertreibungen. Lügen jeglicher Art müssen aus der Mitte der Gotteskinder verschwinden. Bleibt irgendeine Spur davon zurück, wird der Feind an dieser Stelle einbrechen.

Die Lüge — weitverbreitet

Bevor einer versucht der Lüge zu widerstehen, weiß er vielleicht gar nicht, wie sehr er dazu neigt, mit der Lüge umzugehen. Je mehr er aber bei der Wahrheit bleibt, desto mehr wird es ihm auch gelingen. Er wird die Gedanken und die damit verbundenen Absichten schon im Keim ersticken können. Wie weitverbreitet die Lüge in Wirklichkeit ist, ja wie sehr sie auch in uns selbst ist, übersteigt all unsere Vorstellungen. Was für ein erbärmliches Zeichen ist es doch, daß auch unter den Gotteskindern vielfach die Meinung besteht, daß eine Notlüge noch zu entschuldigen sei. Wie schlimm ist es, daß irgendeine Lüge unter Gläubigen existieren kann. Sagt uns nicht das Wort Gottes in aller Deutlichkeit, daß Lügner Kinder Satans sind, da er ja der Vater aller Lügner ist? Es wäre tragisch, wenn dieser böse Same immer noch in den Herzen derer Nahrung finden würde, die Gott gehören. Sagt also den Neubekehrten, daß sie keine Zeit verstreichen lassen sollen, sich allen Ernstes mit dem Problem der Lüge in ihrem Leben zu befassen.

Die Bedeutung von Lüge

Eine doppelzüngige Person ist ein Lügner, denn sie wird einmal dies, ein andermal jenes erzählen. Sie sagt jetzt «ja» und nachher «nein»! Das zeigt nicht nur eine Charakterschwäche auf, sondern auch die Verlegenheit der Person. Lügen bedeutet auch, so zu reden, daß es zum eigenen Vorteil beiträgt. Wenn wir nur das sagen, was uns gefällt und den Rest verschweigen, oder wenn wir nur das erwähnen, was uns einen Nutzen bringt und bewußt das weglassen, was uns Nachteile verschafft, sind wir auch da Lügner. Wie oft sagen wir bewußt nur die Hälfte? Wie oft treibt uns unser

Egoismus dazu, nur Teilwahrheiten zu sagen und Leute, die wir nicht mögen, mit unvollständigen Informationen bewußt hinters Licht zu führen. All das ist Lüge. Viele machen die Wahrheit abhängig von ihren eigenen persönlichen Gefühlen und nicht von den unverrückbaren Tatsachen. Wie sie eine Sache darstellen, hängt von dem ab, mit wem sie reden und ob sie diese Person mögen. Ihre Worte basieren nicht auf Tatsachen oder Wahrheiten, sondern auf Gefühlen oder Neigungen. Wer sich aber nicht an die Tatsachen hält, öffnet der Lüge die Tür und das ist Sünde. Wer weiß, daß er nicht die Wahrheit sagt und tut es trotzdem, wird schuldig vor Gott, denn Gott verurteilt die Lüge. Es ist manchmal besser, wenn man nichts sagt, als daß man sich in Gefahr begibt, eine Sache nicht wahrheitsgetreu darzustellen.

Sein Reden von seinen eigenen Wunschvorstellungen abhängig zu machen, führt ebenfalls zur Lüge. Wir müssen unsere Gefühle soweit unter Kontrolle haben, daß unser Reden nicht von unseren eigenen Interessen und Erwartungen gesteuert wird. Vielfach entsprechen unsere Aussagen nicht der Wahrheit, weil wir nur das sagen, was wir gerne wahr hätten. Oft reden Leute schlecht von anderen, nicht weil es der Wahrheit entspricht, sondern weil sie so besser mit ihnen fertig werden. Insgeheim wünscht man vielleicht sogar, daß ein anderer an seinem Glauben scheitert, um dann über ihn herziehen zu können. Weil die Wirklichkeit aber nicht so ist, muß man die Sache verzerrt darstellen, um trotzdem an sein Ziel zu kommen. Erkennst du, was hier dahintersteckt? — Der Mensch stellt seine Wünsche und eigene Vorstellungen mehr in den Vordergrund als die Wahrheit.

Eine Tatsache verdrehen bedeutet Lüge. Warum ist es so, daß eine Sache, wenn sie weitergesagt wird, so verändert wird? Es kommt daher, daß jeder noch etwas dazu dichtet. Anstatt sich zu bemühen, die Tatsachen zu erfahren, schmücken die Leute die Geschichte lieber aus. Diese Ausschmückungen sind letztlich auch Lüge. Wer Jesus nachfolgen will, muß von Anfang an sich darin üben, nur die Tatsachen zu schildern. Die eigene Meinung ist bei der Wiedergabe irgendeiner Begebenheit zunächst nicht von Wichtigkeit. Sie sollte von dem, was man berichtet, klar unterschieden werden können. Es ist offensichtlich, daß oft ein großer Unterschied besteht zwischen dem, was man vor einer Person hält und dem, was sie tatsächlich ist. Man sollte immer sagen, wie es sich tatsächlich verhält und dann hinzufügen, wie man darüber denkt. Hält man diese beiden Dinge nicht auseinander, läuft man zu sehr Gefahr, daß man die Wahrheit verzerrt und zu subjektiv darstellt.

Eine andere Art von Lüge, die man häufig auch in der Gemeinde antrifft, ist die übertriebene Darstellung eines Sachverhaltes. Wie leicht neigt man dazu, eine zu hoch gegriffene Zahl anzugeben, oder ein unangemessenes Wort zu gebrauchen. Wie verlockend ist es oft, in großen kräftigen Worten zu schwelgen, um eine Sache größer zu machen, als sie es tatsächlich ist. Übertreibung ist immer auch Lüge, denn der andere erfährt nicht das, was wirklich wahr ist.

Man kann die Herzensstellung eines Bruders oder einer Schwester schnell herausfinden, indem man ihm oder ihr etwas sagt und darum bittet, es weiterzusagen. Bald wirst du wissen, wie er zu Gott steht. Wer Gott fürchtet und Ihn an sich hat arbeiten lassen, wird nicht leichtfertig reden; er weiß um den Ernst seiner Rede und wird bemüht sein, das Anvertraute so korrekt wie möglich weiterzugeben. Steht er jedoch nicht unter der Zucht Gottes, wird er Dinge hinzufügen oder Informationen zurückhalten, die hätten gesagt werden müssen. Er wird sich dadurch in seiner Leichtfertigkeit und Unaufrichtigkeit zu erkennen geben.

Wer nicht frei ist von einem lügenhaften Wesen, kann nicht am Wort dienen. Nur wer eine wahrhaftige Rede führt, kann die Bibel verstehen, denn jedes Jota an ihr stimmt. Nehmen wir es nicht so genau mit der Wahrheit, dann nehmen wir auch die Bibel in ihrer Wahrheit nicht so genau. Eine Zahl zu übertreiben heißt lügen.

Viele haben es sich schon so angewöhnt, daß sie bei jeder Zahl automatisch schon eine höhere Ziffer nehmen. Wir wissen z.B., daß keine Kirche in Shanghai fünftausend Menschen fassen kann. Bei Erweckungsversammlungen jedoch erzählen die Leute, daß zehn oder zwanzigtausend dagewesen wären. Selbst wenn die Menschen stehen mußten, ist die Zahl übertrieben. Und doch sind es Christen, die solche Dinge erzählen, ja sogar verantwortliche Mitarbeiter. Eine derartige verzerrte Darstellung ist zweifellos eine Lüge.

Genauso der Versuch, durch eine einseitige Beschreibung die Fehler des anderen herauszustreichen und die eigenen zuzudecken.

Große Selbstbeherrschung nötig

Ich kann nicht sagen, daß nach meiner Erfahrung Menschen nach ihrer Bekehrung automatisch zu ehrlichen Leuten geworden wären. Begeben sie sich aber unter Gottes strenge Zucht, können vormals unehrliche nach einigen Jahren zu ehrlichen Menschen werden. Vielleicht klingt es hart, was ich sage, aber ich sage es bewußt und mit viel Nachdruck. Widersteht ein Mensch nicht jahrelang der Lüge und übt er sich nicht diese ganze Zeit, eine korrekte Rede zu führen, wird man ihn nicht als ehrliche Person bezeichnen können. Wer solche Selbstdisziplin ablehnt, soll auch nicht von sich halten, ehrlich zu sein. Allzu häufig tritt diese Krankheit auch bei Christen auf. Auch sie bleiben oft nicht bei der Wahrheit. Weltmenschen (und wir gehörten auch einmal dazu) wissen alle, wie man lügt, weil sie unter der Herrschaft Satans stehen. Die Klugen und die Dummen beherrschen diese «Kunst». Manche machen es ganz unverblümt, andere wiederum ganz versteckt und kunstvoll, aber lügen tun sie allesamt. Wir müssen so unter der Zucht Gottes stehen, daß wir ein Gespür dafür bekommen, wo die Lüge zuhause ist und der Geist der Unwahrheit sich eingeschlichen hat. Wem die Realität des Glaubens noch fremd ist, dem muß klar gesagt werden, wie wichtig Ehrlichkeit, und doch wie ungewöhnlich sie für unseren natürlichen Menschen ist. Der menschlichen Natur nach sind wir unaufrichtig.

Von Kindesbeinen an leben wir in der Lüge. Wir reden so, daß es uns selbst zugute kommt und unbekümmert darum, ob es sich tatsächlich so verhält. Wie das Kind mit dem ABC anfangen muß, so muß auch der Christ ganz von vorne beginnen und alles systematisch aufarbeiten. Ist er dabei nachlässig und inkonsequent, wird sich die Lüge schnell wieder einschleichen.

Es gibt viele Leute, die eine Lüge nicht sehr tragisch nehmen. Ich persönlich bezeichne das Lügen als eine der weitverbreitetsten und dunkelsten Sünden. Bekommt ein Christ diese Schwäche nämlich nicht unter Kontrolle, resultieren zwei Dinge daraus: 1. Viel geistlicher Tod wird die Folge sein. Er wird es verhindern, daß die Christen eine Einheit werden. 2. Man wird einen solchen Menschen nicht für Bibelauslegungen heranziehen können. Selbst wenn er die Bibel genau studiert, von der Wahrheit redet und das Wort predigt, ist er doch nicht im wahrsten Sinne des Wortes «Diener am Wort». Wer am Wort dient, muß absolut zuverlässig sein und ganz korrekt in seiner Rede. Lerne es also in dem Bewußtsein zu reden, daß Gott dich hört. Rede korrekt. Vermeide die Lüge. Laß deine eigenen Wünsche und Vorstellungen aus dem Spiel. Widerstehe! Laß dich von den Tatsachen leiten und nicht von deinem subjektiven Empfinden.

Keine leeren Worte machen
«Ein guter Mensch bringt aus dem guten Schatze seines Herzens Gutes hervor, und der böse Mensch bringt aus seinem bösen Schatze Böses hervor. Ich sage euch aber, daß die Menschen am Tage des Gerichts Rechenschaft geben müssen von jedem unnützen Wort, das sie geredet haben. Denn nach deinen Worten wirst du gerechtfertigt, und nach deinen Worten wirst du verurteilt werden.» (Matth. 12,35-37) Die Verse 35-37 müßten eigentlich mit dem Vers 33 verbunden werden, welcher lautet: «Entweder pflanzet einen guten Baum, so wird die Frucht gut, oder pflanzet einen schlechten Baum, so wird die Frucht schlecht! Denn an der Frucht erkennt man den Baum.» Schon beim Lesen können wir erkennen, daß sich die Frucht mehr auf das gesprochene Wort, als auf das Verhalten allgemein bezieht. Ist ein Mensch gut, dann werden auch die Worte, die er spricht gut sein. Ist er aber böse, wird er auch Böses reden. An seinen Worten wird man den Menschen erkennen. Lebt er von morgens bis abends im Streit und Wortgefecht, kann er nur kritisieren, redet er in einer abfälligen, zerstörerischen und schmutzigen Weise, dann zählt er gewiß zu den «faulen Bäumen».

Es wird nichts nützen, im Nachhinein seine Aussagen richtig stellen zu wollen, wenn die bösen und sündhaften Worte einmal gesagt sind. Es muß offen gesagt werden, daß jegliches Gerede oder Geschwätz sündhaft ist. Wer ein reines Herz hat, wird nicht Worte des Hasses gebrauchen. Der Baum wird an seinen Früchten erkannt. Nicht jede Tatsache muß gesagt werden. Einige Dinge mögen tatsächlich stimmen, die ich sagen will; weil sie niemandem helfen, schweige ich lieber. Hier geht es also nicht vornehmlich um die Wahrheitsfrage, sondern darum, ob der andere die Wahrheit verkraftet und richtig damit umzugehen weiß. Es gibt Dinge, die sich nicht lohnen, weitergesagt zu werden, obwohl sie wahr sind. Was du sagst, muß wahr sein, aber nicht alles was wahr ist mußt du weitersagen. Alles, was du an unnützem Geschwätz verbreitet hast, wird einmal offenbar werden. «Ich sage euch aber, daß die Menschen am Tage des Gerichts Rechenschaft geben müssen von jedem unnützen Wort, das sie geredet haben.» (Matth. 12,36) Mögen alle Gotteskinder in der Gottesfurcht leben und auf ihre Worte achten. Was anderen und mir selbst nur Nachteile bringt, sollte nicht gesagt werden. Kein Mensch mit Selbstbeherrschung hat eine lose Zunge. Hier kann man sehr schnell erkennen, ob sich einer selbst in der Hand hat oder nicht. Wer unter der Zucht Gottes steht, wird hier keine Schwierigkeiten haben. Wer lügt, leere Worte macht und leichtfertig redet, kann von Gott nicht sehr gebraucht werden. Er wird auf das Gericht warten müssen. Alle Christen müssen diese wichtige Lektion lernen. Wie man an den Früchten den Baum erkennt, so wird man an seiner Rede den Menschen erkennen. Die Kirche ist heute leider so sehr gesunken, daß sie voll ist von Lügen und leeren Worten. Nur wenige der Kinder Gottes sind sich ihrer Schuld noch bewußt und trachten danach, sie loszuwerden. Das ist erschreckend!

3. Ohne böse Worte

«Vergeltet nicht Böses mit Bösem, nicht Scheltwort mit Scheltwort, sondern im Gegenteil, segnet, weil ihr dazu berufen seid, daß ihr Segen ererbet. Denn wem das Leben lieb ist und wer gute Tage sehen will, der bewahre seine Zunge vor Bösem und seine Lippen, daß sie nicht trügen; er wende sich vom Bösen und tue Gutes, er suche den Frieden und jage ihm nach! Denn die Augen des HErrn sehen auf die Gerechten, und seine Ohren merken auf ihr Flehen; das Angesicht des HErrn aber ist gegen die gerichtet, welche Böses tun.« (1. Petrus 3,9-12) Es gibt Worte, die aus dem Munde eines gläubigen Menschen nie kommen sollten und das sind böse Worte. Böse Worte sind Worte der Auflehnung und des Fluches. Ein Gotteskind kann nicht Böses mit Bösem oder Scheltwort mit Scheltwort vergelten.

Worte des Lebens sprechen

Menschen streiten sich gern um irgendeine Sache. Wenn andere dabei böse Worte gebrauchen, machen Christen manchmal den Fehler, es ihnen gleichzutun. Der HErr aber fragt nicht wer angefangen hat, sondern fragt einmal nur, was DU gesagt hast. Gebe nicht Böses, sondern Gutes zurück und segne die dich fluchen.

Hab acht auf dein Temperament

Nur der Mann, der sein Temperament im Zaum halten kann, kann auch böse Worte zurückhalten. Ein unbeherrschter Mensch wird nicht nur böse, sondern auch schmutzig und beleidigend reden. Das wird bewirken, daß dieser Mensch nicht nur der Segnungen Gottes verlustig geht, sondern in Ungnade fällt.

4. Ohne viele Worte

Das dritte Kapitel im Jakobusbrief handelt hauptsächlich vom rechten Gebrauch der Rede. Einige dieser Verse wollen wir nun zur näheren Betrachtung herausgreifen.

Nicht viele Lehrer

«Werdet nicht in großer Zahl Lehrer.» (V. 1) Dieser Vers kann sowohl mit «werdet nicht Lehrer von vielen» als auch mit «nicht viele sollen Lehrer werden» übersetzt werden. Warum sagt uns die Schrift das? «Da ihr wisset, daß wir ein strengeres Urteil empfangen.» Wer sich im Reden nicht zurückhalten kann, ist oft besonders darauf aus, eine Lehrertätigkeit auszuüben. Wo immer diese Leute sich aufhalten, müssen sie lehren und belehren; — eben viel reden. Sie üben ihren Beruf gern aus, weil er ihnen die Möglichkeit verschafft, viel zu reden. Erkennst du, daß es für den Christen nicht nur wichtig ist, bei der Wahrheit zu bleiben und keine böse Zunge zu haben, sondern auch nicht zuviel zu reden? Unabhängig davon was einer redet, wenn er zuviel redet ist es niemals richtig. Auch hier kann man die Segnungen Gottes verhindern.

Wo sich unsere Selbstbeherrschung zeigt

«Denn wir fehlen alle viel; wenn jemand in der Rede nicht fehlt, so ist er ein vollkommener Mann, fähig auch den ganzen Leib im Zaum zu halten.» (V. 2) Von der Rede ist es also abhängig, ob sich einer wirklich beherrschen kann. Hier wird man einen Menschen schnell kennenlernen. Weißt du, was Selbstbeherrschung überhaupt heißt? Es kommt oft vor, daß Brüder und Schwestern hier eine falsche Vorstellung haben. Sie meinen Selbstbeherrschung als Gabe des Heiligen Geistes würde heißen, daß man sich mäßigt in allen Dingen und am besten den Mittelweg wählt. Aber Selbstbeherrschung ist einfach die Kontrolle, die man über sich selbst hat.

Das ist wahrlich eine Gabe des Heiligen Geistes. Und wo zeigt sich dies? Jakobus antwortet darauf, daß derjenige, der seine Zunge unter Kontrolle hat, auch seinen Körper beherrschen kann. Eine lose Zunge läßt auf ein «loses» Leben schließen. Wer leichtfertig redet, lebt auch leichtfertig. Selbstbeherrschung ist eine Sache, die gelernt werden muß. Möchtest du, daß der gnädige Gott Umgang mit dir hat? Laß es mich dir sagen: Wenn Gott mit deinen Worten etwas anfangen kann, dann wird er auch sonst mit dir Gemeinschaft haben können. Bei vielen Menschen drücken ihre Worte das Eigentliche ihres Menschseins aus. Das, was sie reden, ist sozusagen ihr Rückrat. Es sei nochmals gesagt, daß ein Mensch eine Konstanz in seinem Leben aufweist, wenn er in seinen Worten unveränderlich ist. Wenn man eine halbe Stunde mit jemand redet, kann man wissen, wer er ist, mehr wie wenn man ihn nach seinem Äußeren beurteilt. Nichts deckt einen Menschen mehr auf als seine eigenen Worte.

Der große Einfluß der Zunge
Jak. 3,3 bringt die menschliche Zunge in Zusammenhang mit dem Zaumzeug eines Pferdes, Vers 4 mit dem Steuerruder eines Schiffes und Vers 5 mit einem kleinen Feuer. So klein wie das Zaumzeug, das Ruder oder der Funke des Feuers, ist die menschliche Zunge und doch kann sie Ungeheuerliches anrichten. Vers 6 fährt fort: «Auch die Zunge ist ein Feuer. Als die Welt der Ungerechtigkeit nimmt die Zunge ihren Platz ein unter unseren Gliedern. Sie befleckt den ganzen Leib und steckt den Familienkreis in Brand und wird selbst von der Hölle in Brand gesteckt.» In der Tat ist die Zunge die Wurzel einer ganzen Welt von Schlechtigkeit. Ist die Zunge eines gläubigen Menschen nicht geheiligt, so kann auch sie Höllenfeuer entfachen und den Tod verbreiten. Wie ernst ist es tatsächlich! (Wörtlich übersetzt:) V. 6: «...und steckt das Rad des Daseins in Brand.» Das Leben gleicht einem Rad, das sich dreht, und die Zunge gleicht einem Feuer, das dieses Rad zerstört.

Viele fleischliche Dinge werden dadurch ausgelöst und das Temperament, der Zorn und die Begierde werden von der Zunge «in Brand gesteckt». Wie oft werden gerade auch durch die Worte eines Gotteskindes solche «Brände» verursacht. Die Zunge ist wirklich «die Welt der Ungerechtigkeit» und wird von «der Hölle selbst in Brand gesteckt.» Wir müssen es deshalb lernen, nicht so viele Worte zu machen. «Wo viele Worte sind, da geht es ohne Sünde nicht ab; wer aber seine Lippen im Zaum hält, der ist klug.» (Sprüche 10,1a) Die Sammlung der Sprüche hält uns dazu an, nicht so viel zu reden. Nur die Toren reden im Übermaß. Je törichter eine Person ist, desto mehr redet sie. Wirkliche Persönlichkeiten fassen sich kurz!

Das Übel der Zunge
Vers 7 im 3. Kapitel des Jakobusbriefes sagt uns, daß sämtliche Kreatur vom Menschen gezähmt wurde. Vers 8 fährt fort und sagt: «die Zunge aber kann kein Mensch zähmen, das unruhige

Übel voll tödlichen Giftes!» Viele Dinge kann der Mensch zähmen, aber seine eigene Zunge bekommt er nicht unter Kontrolle. Wie töricht ist es da, auf seine Worte nicht zu achten.

Zwei Arten von Wasser

Was nun folgt, ist ziemlich einfach. Es geht nicht an, auf der einen Seite Gott mit Worten zu preisen und auf der anderen Seite mit derselben Zunge Menschen zu verfluchen, die Gott liebt. Wie kannst du zur selben Zeit fluchen und segnen? Ein Brunnen kann nicht zwei Arten von Wasser hervorbringen. Ein Feigenbaum kann nicht gleichzeitig Feigen und Oliven tragen, noch kann ein salzhaltiges Gewässer, Süßwasser enthalten. An den Früchten erkennt man den Baum. Wer aus Gott lebt, holt süßes Wasser aus dem Brunnen, der keinerlei Bitterkeit enthält. Gott hat uns so erlöst, daß er eine neue Quelle in uns hineingelegt hat. Er hat aus uns einen neuen Baum gemacht. Wenn ich nun ein Feigenbaum bin, kann ich keine Oliven tragen. Bin ich ein Weinstock, wachsen an mir keine Feigen. Da Gott mir neues Leben gegeben hat, wird folgerichtig süßes Wasser aus meinem Brunnen quellen.

Richtig hören

Wenn wir schon vom rechten Gebrauch der Zunge reden, müssen wir auch auf das Hören eingehen.

1. Halte deine Neugier zurück

Darf ich offen reden? Würden Brüder und Schwestern ihre Ohren in rechter Weise gebrauchen, wäre in der Gemeinde viel weniger Verwirrung durch ungute Worte. Es wird tatsächlich viel geredet, weil es so viele gibt, die es hören wollen. Weil die «Nachfrage» so groß ist, ist auch so viel Redestoff vorhanden. Warum sollte der Mensch so viel zerstörerische Kritik, üble Nachrede, Doppelzüngigkeit, Schmutzigkeit, Lüge und Streitsucht besitzen, wenn nicht so und soviel da wären, die dafür empfänglich sind? Wie verdorben, unehrlich und verräterisch ist doch das menschliche Herz, wenn es offen ist für all diese Dinge! Wenn Gotteskinder wüßten, wie ein wahrer Christ redet, wüßten sie auch, wie er hört. Wem und für was du dein Ohr leihst, wird offenbaren, wer du in Wahrheit bist. Wenn ein Mensch gläubig wird, muß er erst richtig hören lernen. Streut jemand den Samen des Streites und der bösen Worte, soll man nicht nur der Versuchung widerstehen, selber diese

Worte zu verbreiten, sondern ihnen überhaupt kein Gehör schenken. Wer sich so verhält, wird einerseits viele Sünden verhindern und andererseits viele Geschwister vor dem Sündigen bewahren. Aber es besteht heute geradezu ein Verlangen, ungute Sachen zu hören. Kein Wunder, daß immer mehr Leute in dieser Weise reden und geradezu ermutigt werden. Wir müssen es lernen, einfach schweigend wegzugehen, wenn jemand Unsinn redet. Bald wird er das Interesse verlieren so unbeherrscht daherzureden. Anstatt wegzugehen, können wir aber auch bezeugen, daß ein Christ nicht in dieser Weise redet. Oder wir können uns sogar entrüsten und sagen: «Was glaubst du, wer ich bin? Ich möchte solch dummes Zeug nicht hören.»

Viele Schwierigkeiten in der Gemeinde gleichen einem Höllenfeuer, welches eingedämmt werden muß, sobald es entfacht wird. Diese Art Schwierigkeiten darf erst gar keine Verbreitung finden. Viele werden versucht durch die Bereitschaft der Leute zuzuhören. Obwohl der Verbreiter böser Worte den größten Teil der Verantwortung zu tragen hat, hat doch der Hörer seinen Teil an der Schuld. Wenn ein Mensch von seiner Sucht, alles wissen zu wollen, befreit werden will, muß er dem natürlichen Verlangen widerstehen können, auf alles zu hören. Kann er seine Neugierde zurückhalten, wird er viele Feuer zum Erlöschen bringen. Lerne es zu sagen: «Entschuldigen sie, ich kann ihnen nicht zuhören, ich bin ein Christ.» Lerne es auch, jemanden zu unterbrechen und achte darauf, daß du nicht den Eindruck erweckst, alles wissen zu wollen.

2. Ein taubes Ohr haben

«Ich aber bin wie ein Tauber und höre nichts und wie ein Stummer, der seinen Mund nicht auftut. Und ich bin wie einer, der nichts hört, und in dessen Mund kein Widerspruch ist.» (Ps. 38,14-15) Verhalte dich wie ein Tauber, wenn Leute übel reden. Laß sie reden, was sie nur wollen, aber höre nicht auf sie. Oder ermahne sie! Es liegt ein großer Segen darauf, taub sein zu können, denn das Reden und Hören können große Versuchungen sein. Mögen gerade auch junge Gläubige hier überwinden.

3. Das Beispiel des HErrn

«Wer ist blind, wenn nicht mein Knecht, oder taub wie mein Bote, den ich gesandt habe? Wer ist so blind wie der Vertraute und so blind wie der Knecht des HErrn?» Dieser Vers 19 in dem 42. Kapitel des Jesaja-Buches bezieht sich auf Jesus Christus. «Wer ist taub wie mein Bote» zeigt uns, wie der HErr während seines Erdendaseins gewissen Dingen sein Ohr verschloß. Wer sein Ohr den verwerflichen Dingen nicht leiht, hat auch weniger Schwierigkeiten. Wir haben doch genug Probleme! Wie können wir unseren Weg unsträflich gehen, wenn wir uns mit so vielen Dingen belasten? Widerstehe der Versuchung! Sei in manchen Dingen so taub wie der HErr Jesus. Wer es so hält, wie sein HErr, ist auf dem rechten Weg.

Nimm dir Zeit es zu lernen

Wie schon erwähnt, müssen Gläubige sehr weise handeln, wenn es um das rechte Reden und Hören geht. Sie müssen Gott immer vor Augen haben und in der Gottesfurcht leben. Das aber ist etwas, das man geduldig und hingebungsvoll lernen muß. Es braucht Zeit, bis man es sich angewöhnt hat, sorgfältig mit seinen Worten umzugehen. Ich glaube nicht, daß wir hier Sieg haben können, unmittelbar nachdem wir gläubig geworden sind. Ich weiß es aus Erfahrung, daß es erhebliche Schwierigkeiten mit sich bringt, korrekt reden zu wollen. Eine kleine Unachtsamkeit und schon ist ein ungutes Wort ausgesprochen.

«HErr, stelle eine Wache an meinen Mund, bewahre die Tür meiner Lippen.» (Psalm 141,3) Wie nötig haben wir dieses Gebet:

«Stelle eine Wache vor meine Ohren, daß ich nicht all die unguten Worte in mich hineinlasse.» Werden solche Gebete gesprochen, wird die Gemeinde vor viel Argem bewahrt, und junge Gläubige finden den rechten Weg. Eine Tatsache überrascht mich sehr. Viele Geschwister können ohne schlechtes Gewissen zuhören. Offensichtlich ist hier grundsätzlich etwas nicht in Ordnung. Immer wenn wir unser Ohr bösem Geschwätz leihen können, stimmt etwas nicht in unserem Glaubensleben. Hören wir nicht nur darauf, sondern sagen wir es weiter, liegt etwas sehr im argen. Wir müssen es deshalb lernen, dieser schlechten Frucht zu widerstehen. Wir sollten wissen, daß sich jegliches Gift unter Gläubigen unwillkürlich verbreitet, weil Satan Interesse daran hat. Das aber führt Menschen in Gottlosigkeit und in Auflehnung gegen Gott.

Möge Gott uns gnädig sein. Möge er in seiner Güte uns helfen, diese Lektion des Glaubens zu lernen, damit wir unseren Weg unsträflich gehen können. Es ist nicht ungewöhnlich, Gläubige in einer unguten Weise reden zu hören, aber es ist erst recht nicht normal, wenn Christen sich ihrer Schuld gar nicht bewußt werden und ohne schlechtes Gewissen diese Untugend pflegen. Möge unter den Neubekehrten diese schlechte Sitte nicht auftauchen.

Essen und Kleidung

Kleidung

1. Ihre Bedeutung
Um zu erkennen, was die Kleidung für eine Bedeutung hat, müssen wir zu dem Ursprung zurückgehen.

VOR DEM FALL. Vor dem Sündenfall waren Adam und Eva unbekleidet. Sie waren unschuldig und obwohl sie beide nackt waren, schämten sie sich nicht.
NACH DEM FALL. Nachdem die Sünde in ihr Leben gekommen war, folgte das Erkennen ihrer Nacktheit. Als sie sich selbst wahrnahmen, schämten sie sich und banden Feigenblätter um sich und machten sich Schürzen. Die ursprüngliche Bedeutung der Kleidung war also die Bedeckung. Die Kleider sollen die Nacktheit zudecken. Die Schürzen aus Feigenblättern waren von kurzer Lebensdauer und zerfielen sobald sie ausgetrocknet waren. Deshalb machte Gott für Adam und Eva Kleider aus festerem Material. Er nahm Pelzröcke und bekleidete sie. Seine Absicht war es, den Körper zu bedecken. Wir sollten Neubekehrten sagen, daß der Zweck der Kleidung nicht die Zurschaustellung sondern die Bedeckung des Körpers ist. Jedes Kleid, das nicht dafür hergestellt ist, wird fraglich. Ein anderer Zweck als die Bedeckung des Körpers sollte nicht verfolgt werden.

Die Notwendigkeit des Blutes
In Judäa trugen die Hebräer Sandalen ohne Socken. Folglich blieben nur die Füße, die Hände und der Kopf unbedeckt. Der restliche Körper war durch die Kleidung verhüllt. Wer die Bibel studiert wird wissen, daß am Tage der Reinigung das Blut des Opfertieres auf den Daumen der rechten Hand, auf die Zehe des rechten Fußes und auf das rechte Ohrläppchen getan wurde (vgl. 3. Mose 14). Diese drei unbedeckten Stellen des Körpers bestrichen die Menschen mit Blut, denn der Rest der Person war ja von Kleidern verhüllt. Es gehört sich für einen Gläubigen, daß er ordentlich gekleidet ist. Die heutige Fehlentwicklung besteht nun darin, daß man mehr und mehr in die Unkultur zurückfällt und unzu-

länglich bekleidet ist. Kleidung, die nicht den Körper bedecken soll, verletzt den Schöpfungsgedanken Gottes. Die geistliche Bedeutung des Blutes ist die Verneinung der Zurschaustellung und Entblößung. Als der Mensch sündigte, mußte er von Gott bekleidet werden. Auch heute ist diese Bekleidung eine absolute Notwendigkeit. Jede Kleidung, die bewußt den Körper zur Geltung bringen will, muß als «weltlich» bezeichnet werden. Geistlich gesprochen möchte ich als Sünder ganz zugedeckt sein. Keine Stelle an mir soll offen daliegen. Wenn mich Jesus mit seinem Blut nicht völlig zudeckt, kann ich als Christ vor Gott nicht bestehen. Durch die Erlösung durch sein Blut sind die Sünden zugedeckt. Im Bild gesprochen muß das was nicht von den Kleidern bedeckt ist, mit dem Blut des Opfertieres bedeckt sein, so daß nichts mehr unbekleidet ist.

Der zweite Fall
Als Adam und Eva sündigten, sahen sie, daß sie nackt waren. 1656 Jahre später trat Noah aus der Arche. Er pflanzte einen Weinberg und wurde betrunken. Die Folge davon war, daß er sich seiner Kleider entledigte und nackt dastand. Adam, der erste Mensch erkannte seine Nacktheit, nachdem er die Frucht von Baum der Erkenntnis von Gut und Böse gegessen hatte. Noah entkleidete sich nach dem Genuß des Weines. Der Fall Adams bewirkte, daß er, der keine Kleider brauchte, nun Pelzröcke bekam und der Fall Noahs hatte zur Folge, daß der Bekleidete seine Kleider auszog.

Der Altar
Nach dem Auszug des Volkes Israel aus Ägypten gab Gott dem Volk das Gesetz am Berg Sinai. Er befahl den Israeliten einen Altar zu bauen, der so niedrig sein sollte, daß man keine Stufen benötigte. Warum? «Du sollst auch nicht auf Stufen zu meinem Altar steigen, damit deine Blöße vor ihm nicht aufgedeckt werde.» (2. Mose 20,26) Gott läßt keine Enthüllung zu. Außer den Händen, der Füße und des Kopfes, die ja vom Blut zugedeckt sind, sollen die Kleider den Körper bedecken. Der moderne Trend in der Bekleidungsindustrie widerspricht eindeutig dem Willen Gottes.

Die Kleidung der Priester
Die Kleider der Priester waren feine leinene Beinkleider, die von den Lenden bis an die Hüften die Blöße bedeckten. (2. M. 28.42). Die Bibel vertritt eindeutig die Auffassung, daß der Mensch nicht unbekleidet auftreten soll.

Typische Bedeutungen

Die Bibel gebraucht das Wort «Bekleiden» um das Verhältnis Gottes zu uns auszudrücken und um uns die Erlösung durch seinen Sohn klarzumachen. Wir sind mit Gottes Heil «angetan», sind mit Christus «bekleidet». Wir haben den neuen Menschen «angezogen». Unser ganzes Wesen ist überkleidet. Als Gläubige können wir uns beim Anlegen unserer Kleider die Paralelle vor Augen halten: «Ich war ehemals nackt, ohne jegliche Bekleidung, unfähig Gottes Licht und Gericht zu entfliehen, aber heute bin ich angetan mit seiner Erlösung und habe den neuen Menschen angezogen.» Junge im Glauben können diese Gedankenverbindung herstellen, um sich eine geistliche Wahrheit zu vergegenwärtigen. Wie gut ist es doch, daß uns das Blut Jesu ganz zudeckt.

2. Lepra

Im 3. Buch Mose lesen wir, daß sowohl Kleidungsstücke als auch Menschen und Häuser von der Lepra-Krankheit verseucht waren. Ein großer Teil der heutigen Kleidung, besonders die der Frauen, ist von dieser «Seuche» befallen.

Zwei Behandlungsarten

In 3. Mose 13 finden wir zwei Methoden, wie von Lepra verseuchte Kleidung behandelt wurde. Nachdem der Priester das Kleidungsstück begutachtet hatte, ordnete er an, daß es entweder verbrannt oder gewaschen wurde. Man warf es ins Feuer, wenn der Priester feststellte, daß das Mal des Aussatzes nach mehrtägiger Aufbewahrung des Kleides weitergefressen hatte. Gewaschen wurde es hingegen, wenn der Aussatz das Gewebe nicht weiter zerstört hatte.

Frage Gott

Unerfahrene im Glauben, die im Bezug auf ihre Kleidung noch nicht so recht wissen, wie sie sich zu verhalten haben, sollten ihre Anliegen einfach vor Gott bringen. Er ist unser Hohepriester. Frage ihn einfach, ob du das betreffende Kleid anziehen kannst oder nicht. Denk nicht, daß irgend eine Sache zu gering sei um vor Gott gebracht zu werden. Glaubst du, die Frage nach der richtigen Kleidung sei eine Nebensächlichkeit? Andere können dir nicht sagen, was richtig und was ungeeignet ist. Es ist eine ganz persönliche Angelegenheit zwischen dir und Gott. Denk daran: Der Leprakranke muß die menschliche Gemeinschaft verlassen, sein Haus wird zerstört und seine Kleider verbrannt. Oft genügt es, wenn man ein Kleid etwas abändert und so das Anstößige beseitigt. Manchmal aber ist es tatsächlich erforderlich, daß ein Mensch der Christ geworden ist, sich neue Sachen beschafft.

Ich hoffe, daß man Christen auch wirklich vom Äußeren her erkennen kann. Ihre Kleidung sollte niemals ihren Glauben und Lebensauffassung in Frage stellen und Ungläubige sollten erkennen, daß ein Christ auch in kleinen und alltäglichen Dingen nach dem Willen Gottes fragt. Wieder im Bild gesprochen: Die gesunde Person darf nicht das von Lepra verseuchte Kleid tragen. Da sie vom Aussatz bereits gereinigt wurde und die Vergebung ihrer Sünden schon empfing, sollte sie sich nicht erneut mit Aussatz verunreinigen. Es sei nochmals gesagt, daß ältere Christen, die schon lange im Glauben stehen, den Jungen weder genaue Vorschriften noch Vorhaltungen zu machen brauchen. Vielmehr müssen sie den jungen Gläubigen klarmachen, daß sie diese Angelegenheit ganz persönlich vor Gott bringen.

3. Männer- und Frauenkleider

«Ein Weib soll keine Männertracht tragen, und ein Mann soll keine Weiberkleider anziehen; denn wer solches tut, ist dem Herrn, deinem Gott, ein Greuel.» (5. Mose 22,5) Die Bibel verbietet also dem Mann, Frauenkleider zu tragen und umgekehrt. Die heutige Tendenz geht dahin, jeglichen Unterschied zwischen Mann und Frau abzubauen bis der Geschlechtsunterschied völlig aufgehoben ist. Folglich müssen gerade die Gläubigen darauf achten, hier ein Zeichen zu setzen. Diese Gleichmacherei entspricht nicht dem Schöpfungsgedanken Gottes. Gehorchen wir daher Gott, denn jegliche Mißachtung seiner Gebote ist Sünde. Alle Gläubigen sollten auf das typisch männliche bzw. weibliche achten, wenn es um ihre Garderobe geht.

4. Das Problem der Frau

Gewöhnlich haben Frauen in Bezug auf ihre Kleidung mehr Probleme als Männer.

Schöne Kleider und Untertänigkeit

«Euer Schmuck soll nicht der äußerliche sein, mit Haarflechten und Goldgehängen und Kleideranlegen, sondern der verborgene Mensch des Herzens mit dem unvergänglichen Schmuck des sanften und stillen Geistes, welcher vor Gott wertvoll ist.» (1. Petrusbrief 3,3-4) Wenn ich mich recht entsinne, ist im nächsten Vers,

Vers 5, das einzige Mal in der ganzen Bibel von einer «heiligen Frau» die Rede. «Denn so haben sich einst auch die heiligen Frauen geschmückt, welche ihre Hoffnung auf Gott setzten und ihren Männern untertan waren.» Die «heiligen Frauen» schmückten sich also mit einem untertänigen und ruhigen Wesen.

Petrus will hier klarmachen, daß gläubige Frauen durch Schmuck, Haarflechten und schöne Kleider sich nicht zu ihrem Vorteil verändern. Allerdings heißt das nicht, daß eine Frau nachlässig in ihrem Äußeren und speziell in ihrer Kleidung sein soll. Achtet sie nicht auf ihr Aussehen und kleidet sie sich nicht sauber und ordentlich, wird auch ihr sonstiger Lebenswandel zu wünschen übrig lassen. «Haarflechten», das bedeutet im Griechischen das Kämmen des Haares zu verschiedenen Frisuren. Es ist ja bekannt, daß die Haartracht der Frau durch die Jahrhunderte hindurch vielfach verändert wurde. Mit «Goldumhängen» ist Schmuck gemeint, der zur Verzierung und Verschönerung dienen soll. Das «Kleideranlegen» könnte auf die Farben und Mode anspielen. Petrus geht es darum, nicht diese äußeren, sondern mehr die inneren Qualitäten einer Frau in den Vordergrund zu stellen.

Es paßt nicht zu einer achtenswerten Frau, sich schön zu kleiden und auf der anderen Seite ein unmanierliches Verhalten an den Tag zu legen. Ein vornehmes Äußeres schließt ein lautes und unbeherrschtes Auftreten aus. Eine Frau, die zurückstehen und ruhig sein kann, wird angesehen werden wie eine Frau in einem prachtvollen Kleide. Eine Schwester im Herrn sollte grundsätzlich nicht zu viel Zeit für ihre Garderobe verschwenden. Wer Jesu von ganzem Herzen nachfolgt, achtet nicht übertrieben darauf, was er anzieht.

Ordentlich, bescheiden und zurückhaltend

«So will ich nun, daß die Frauen in sittsamen Gewande mit Schamhaftigkeit und Zucht sich schmücken, nicht mit Haarflechten oder Gold, Perlen oder kostbarer Kleidung, sondern wie es sich für Frauen geziemt, welche sich zur Gottesfurcht bekennen, durch gute Werke. Eine Frau lerne in der Stille, in aller Unterordnung.» (1. Tim. 2,9-11) Gott hat die Frau grundsätzlich dafür bestimmt, ein bescheidenes Verhalten und auch eine Schamhaftigkeit als Teil ihres Wesens zu haben. Es ist gut für eine Frau, ein natürliches Schamgefühl zu besitzen, denn dieses bildet einen gewissen Schutz für sie. Ziehe also nicht an, was gegen dein Empfinden für Bescheidenheit und Zurückhaltung verstößt.

«Zucht» ist das Gegenteil von Freizügigkeit. Sei also darauf bedacht, dich sittsam zu kleiden. Vielleicht wissen manche nicht, was es heißt, mit einem «sittsamen Gewande sich zu schmücken», aber ich glaube, daß jede gläubige junge Frau sagen kann, was in ihrer Umgebung als sittsam angesehen wird. Ein Christ sollte sich nicht von der Mode der Ungläubigen anmachen lassen. Auf keinen Fall sollte er sich diesbezüglich von einem Ungläubigen Vorwürfe machen lassen müssen. Ein Schamgefühl kann entwickelt und die Bescheidenheit gelernt werden.

Im Timotheus-Brief ist mit dem Wort «Haarflechten» das gemeint, was wir heute als «Locken» bezeichnen würden. Frauen haben vor zweitausend Jahren tatsächlich Lockenfrisuren getragen, die wie Trauben an einer Rebe aussahen. Bei den «kostbaren Kleidern» kommt es Timotheus hauptsächlich auf das Wort «kostbar» an. Zwei Kleider können ja ähnlich aussehen und trotzdem unterschiedlich teuer sein. Der Schnitt kann genau derselbe sein und nur die Stoffart und Verarbeitung sind verschieden. Da auch ein Kleid für den Christen ein Gebrauchsgegenstand darstellt, sollten wir hier unser Geld nicht vergeuden, was aber nicht heißt, daß wir immer das Billigste nehmen müssen. Weder Petrus noch Paulus deuten auch nur im geringsten darauf hin, daß eine gläubige Frau mit schäbigen Kleidern umhergehen muß. Nur sollte das Argument der Ordentlichkeit im Vordergrund stehen und nicht der Wunsch nach der aktuellen Mode. Man kann auch zum Normalpreis gut angezogen sein. Ich habe zuviele Frauen gesehen, die hier Schwierigkeiten hatten und zuviel Zeit und Geld brauchten aber auch andere, die zuwenig aus sich machten und eher vernachlässigt und schlampig angezogen waren. Man sollte nie vergessen, daß die Kleidung den Charakter eines Menschen widerspiegelt.

5. Das Siegel des Heiligen Geistes

«Und Mose nahm von dem Salböl und von dem Blut auf dem Altar und sprengte es auf Aaron und seine Kleider, auf seine Söhne und ihre Kleider und weihte also Aaron und seine Kleider und mit ihm seine Söhne und seiner Söhne Kleider.» (3. Mose 8,30) Unsere Kleider müssen geweiht sein, das Zeichen des Salböls, das Siegel des Heiligen Geistes muß daran zu erkennen sein. Wie wir als Person geheiligt sind, sollten wir auch auf eine Art «Heiligkeit» in Bezug auf unsere Kleidung achten. Der Mensch wurde zusammen mit seinen Kleidern besprengt und geweiht. «Und der Herr redete zu Mose und sprach: Rede mit den Kindern Israel und sage ihnen, daß sie sich Quasten machen an die Zipfel ihrer Kleider in all ihren Geschlechtern und eine Schnur von blauem Purpur an die Quaste des Zipfels tun.» (4. Mose 15,37-38) Blau ist die Farbe des Himmels. Sie erinnert uns an «himmlische» Dinge. So sollte auch die Kleidung des Christen einen Vorgeschmack auf den Himmel geben und nicht eine Kopie der Mode der Menschen dieser Welt sein.

6. Einige persönliche Beobachtungen
Persönlicher Geschmack

Ich gehe nicht davon aus, daß alle Christen gleich angezogen sein müssen, noch bin ich der Meinung, eine gläubige Frau müsse ihre Schönheit verbergen. Es ist auch nicht notwendig, das Billigste und Gewöhnlichste zu kaufen. Die Bibel unterstützt eine derartige Verhaltensweise nicht. Johannes der Täufer trug ein Gewand aus Kamelhaar während Jesus ein nahtloses Kleid anhatte, was zu seiner Zeit das Beste war, was es zu kaufen gab. Ein Christ hat die Freiheit sich grundsätzlich so zu kleiden, wie er es möchte und das Material und den Schnitt so zu wählen, wie es seinem Typ und seiner Neigung entspricht.

Sei unauffällig

Wie gesagt haben wir die Freiheit, unsere eigene persönliche Note zu haben, aber ich glaube, wir sollten eines dabei beachten: Niemand sollte so auffällig gekleidet sein, daß die Aufmerksamkeit der Leute mehr auf seine Kleidung als auf den Menschen selber gelenkt wird. Wenn das tatsächlich geschieht, ist mit dem Aussehen etwas nicht in Ordnung. Meine Kleidung sollte mir selbst entsprechen. Wenn ich einen schönen Blumenstrauß binde und meine Freunde nur die Vase bewundern, habe ich die falsche Vase gewählt. Entsprechend sollen die Kleider ein Stück des Menschen sein und nicht durch ihre auffällige Machart von den inneren Qualitäten ablenken.

Das richtige Kleid zur rechten Zeit

Ein anderer Punkt, der beachtet werden sollte, ist die «standesgemäße» Kleidung, d.h. eine Person sollte sich ihrem sozialen Status und ihrem Beruf entsprechend kleiden. Fällt einer hier aus der

Rolle, erregt er Aufsehen und das sollte ja vermieden werden. Wenn die Kleider die wir tragen, zu unserer Umgebung passen, können wir Gott am besten verherrlichen.

Geltungsbedürfnis

Kleider dürfen nicht dazu beitragen, daß ein Mensch auf sich selbst bezogen lebt. Wer ständig um seine Kleidung besorgt ist, egal ob er nun arm oder reich ist, nimmt eine falsche Haltung ein. Der Mensch soll nicht zum «Kleiderbügel» werden, weil er seinen Kleidern eine größere Bedeutung zumißt als seiner eigenen Person. Die Kleider sollen ja nicht Macht über den gewinnen, der sie trägt, sondern immer nur der ursprünglichen Bedeutung Genüge tun.

Wer sich so anzieht, daß er seine Umwelt dadurch weder irritiert noch anzieht, wird richtig liegen. Wir dürfen auf keinen Fall davon ausgehen, daß die Kleidung eines Christen von untergeordneter Bedeutung ist. Das Zeugnis vor der Welt wird durch sie unmittelbar beeinflusst.

Essen

Nun wollen wir uns dem Essen zuwenden. Das Bedürfnis nach Nahrung existierte schon vor dem ersten Sündenfall des Menschen. Im 2. Kapitel des 1. Buch Moses gibt Gott dem Menschen Nahrung. (Die Kleidung wurde, wie wir gesehen haben, erst im 3. Kapitel eingeführt.) Bevor der Mensch sündigte, gab Gott ihm allerlei Früchte zum Essen. Er hatte den Menschen angewiesen, sich von den Früchten der Bäume zu ernähren.

1. Das Bedürfnis

Nach dem Sündenfall gab Gott dem Menschen das Gewächs des Feldes als Nahrung, aber er sollte nun im Schweiße seines Angesichtes sein Brot essen. Obwohl dann im 4. Kapitel nicht ausdrücklich von diesen Früchten des Feldes die Rede ist, so war es doch das Opfer Abels, das von Gott angenommen wurde. Kain war Ackersmann, Abel aber war Schäfer. Gott bestätigte Abel und nahm die Früchte des Feldes nicht als Opfergabe an. Wir können daraus keine Schlüsse ziehen, jedoch im 9. Kapitel des 1. Buch Mose feststellen, daß Gott dem Menschen das Tier als Nahrungsquelle gab, obwohl er ihm zuvor die Früchte des Feldes als Nahrung zur Verfügung gestellt hatte.

Warum gibt Gott die Tiere als Nahrung für den Menschen? Offensichtlich benötigte der Mensch eine andere Nahrung vor seinem Abfall von Gott als nachher. Es ist die Nahrung, die uns am Leben erhält. Ohne zu essen kann kein Mensch existieren. Aus diesem Grund bekam der Mensch sowohl das Tier als auch die Früchte des Feldes als Nahrungsquelle. Im übertragenen Sinne bedeutet das, daß seit dem Sündenfall Leben geopfert werden muß, um Leben zu erhalten. Die Tiere müssen sterben, damit wir leben können. Vor der Trennung des Menschen von Gott konnte Leben erhalten werden, ohne daß anderes Leben dafür vernichtet werden mußte. Folglich hat die Sünde einen Einfluß auch auf die Nahrung des Menschen gehabt. Der Christ heute lebt nach dem ersten Sündenfall und sollte deshalb auch die Nahrung essen, die ihm zusteht und kein Vegetarier sein.

Wir wollen hier nicht näher auf die Nährstoffe des Fleisches eingehen. Dies ist Sache der medizinischen Forschung. Es dürfte auch bekannt sein, daß tierisches Eiweiß größeren Nährwert besitzt als pflanzliches Eiweiß. Aber es geht uns hier ja um eine tiefere Wahrheit. Seit dem Einzug der Sünde in das Leben der Menschen kann Leben nur durch den Tod erhalten werden. Es ist das Vergießen von Blut erforderlich. Es hat mit Abel angefangen, daß Gott das Tier als Nahrung für den Menschen bestimmt und auch nach der Sintflut wollte Gott, daß sich die Menschen von Fleisch ernähren. Wir sollen es alle begreifen, daß sich einer für uns geopfert hat, damit wir leben können. Gott sein Dank dafür!

In Römer 14 wird uns beschrieben, daß es zu dieser Zeit immer noch Leute gab, die glaubten, nur Gemüse essen zu dürfen wie zu Adams Zeiten. Paulus betont, daß man diese Menschen weder kritisieren noch ihnen wehren solle, aber er sagt auch, daß es sich hier um die Schwachen im Glauben handelt (Vers 2). Ihre Schwachheit wird nicht getadelt, aber es wird auch nicht gesagt, daß sie richtig handelten. Es geht hier ausschließlich darum, daß man den anderen, auch wenn er andere Eßgwohnheiten hat, duldet und in Frieden leben läßt. Wenn jemand durch das Essen von Fleisch belastet würde, müßten wir von einer Ernährung durch Fleisch absehen. Von christlichem Standpunkt aus jedoch dient Fleisch zur Erhaltung des Lebens.

Dämonische Lehren
«Der Geist aber sagt deutlich, daß in späteren Zeiten etliche vom Glauben abfallen und verführerischen Geistern und Lehren der

Dämonen anhangen werden ... die verbieten zu heiraten und Speisen zu genießen.» (1. Tim. 4,1-3) Ich glaube, daß der Kommentar von D.M. Panton zu diesem Abschnitt sehr brauchbar ist und einiges verdeutlichen kann. Er sagt, daß das Ehe- und Speiseverbot als Mittel angesehen wurde, die seelischen und geistigen Kräfte zu fördern. Wir als Christen dürfen dieses Verbot keinesfalls übernehmen, denn es handelt sich um eine Lehre der Dämonen und nicht um eine Lehre des HErrn. Manche lehnen fleischliche Nahrung ab, weil ihnen die christliche Grundwahrheit nicht zugänglich ist; nämlich, daß das Leben den Tod als Voraussetzung hat. Wenn einer nur Gemüse ißt, gibt er unwissentlich zu erkennen, daß er keinen Heiland braucht, der ja für seine Erlösung gestorben ist.

2. Kein Blut essen

Eine Substanz sollte der Christ nicht als Nahrung zu sich nehmen, und das ist Blut.

Die Aussage ist einheitlich

Angefangen beim Alten Testament bis hin zum Neuen finden wir die Lehre vom Verbot des Blutgenusses. In 1. Mose 9 sagt Gott zu Noah: «Esset das Fleisch nicht, solange das Blut noch in ihm ist.» Dies ist ein klares Verbot Gottes. In 3. Mose 17,10-16 wiederholt Gott dieses Verbot mehrfach. «Ihr sollt keines Fleisches Blut essen; denn alles Fleisches Seele ist sein Blut. Wer es aber ißt, der soll ausgerottet werden.» (Vers 14)

Im Neuen Testament war es das Apostelkonzil in Jerusalem, das sich mit der Frage des Gesetzes auseinandersetzen mußte. Jakobus, Petrus, Paulus und Barnabas und andere Apostel beschlossen, daß den Gläubigen nicht das Halten des Gesetzes auferlegt werden sollte. Nur in Bezug auf gewisse Dinge sollte Verzicht geübt werden. Dazu gehörte der Verzicht auf Götzenopfer und Blut, Ersticktes und die Unzucht. Die Bedeutung des Blutes ist offensichtlich groß. Zur Zeit der Patriarchen verbot Gott durch Noah, später durch Mose und dann wieder durch die Apostel den Genuß von Blut. In allen drei Fällen gab Gott sein klares Nein zu erkennen.

Außer dem Blut Christi

Es kam der Tag, an dem Gott der Welt seinen Sohn schenkte. Christus sagte von sich, daß er das Brot sei, daß vom Himmel zu den Menschen gekommen ist, um ihnen das Leben zu geben. Viele verstanden seine Worte nicht und er mußte es ihnen erklären: «Denn mein Fleisch ist wahrhaftige Speise und mein Blut ist wahrhaftiger Trank.» (Joh. 6,55) Im 6. Kapitel des Johannes-Evangeliums wiederholt Gott diesen Gedanken auf andere Weise: «Wenn ihr nicht das Fleisch des Menschensohnes esset und sein Blut trinket, so habt ihr kein Leben in euch. Wer mein Fleisch ißt und mein Blut trinkt, der hat ewiges Leben, und ich werde ihn auferwecken am letzten Tage.» (Verse 53-54) Ist das nicht wunderbar? Oben haben wir gesehen, daß Gott in allen drei Fällen sein Nein gab und hier bietet der Sohn Gottes es selber an. Der Mensch soll von seinem Blut trinken. Verstehst du Gottes Absicht? Er will nicht, daß wir irgendein Blut außer dem seines Sohnes zu uns nehmen, denn wer von diesem Blut trinkt, wird leben. Indem Gott das Essen von Blut verbietet, verdeutlicht er uns also, *daß nur Christi Blut uns Vergebung und Rettung bringen kann.* Außer dieser Erlösung gibt es keine. Das Blut Jesu ist das einzige, das man «trinken» kann, weil es Errettung verkörpert. Da wir keine andere Erlösung wollen, «trinken» wir auch kein anderes Blut. So hat es auch mit dem Essen von Blut eine tiefere Bewandnis. Es ist deshalb notwendig, unerfahrenen Gläubigen diesen Zusammenhang zu erläutern, denn er enthält ein Zeugnis unseres Glaubens. Wir Christen haben ja viele Möglichkeiten, ein Zeugnis zu sein. Wenn Ungläubige uns fragen, warum wir kein Blut essen können, lautet unsere Antwort, daß wir es bereits getan haben. Dann können wir ihnen erklären, was Errettung heißt.

Ersticktes

Das AT, einschließlich 3. Mose 17, spricht das Verbot aus, Erstorbenes zu essen. In Apostelgeschichte 15 wird nun gesagt, daß Ersticktes nicht gegessen werden soll. Dieses Verbot muß auch im Zusammenhang mit dem Blut gesehen werden, denn Ersticktes wurde ganz gekocht, ohne daß das Blut vorher davon getrennt wurde.

3. Rein oder unrein

In 3. Mose 11 teilte Gott den Israeliten mit, daß einige Tiere rein und andere wiederum unrein seien. Dies galt sowohl für die Vögel am Himmel, als auch für die Fische im Meer. Bei den Vögeln waren es die fleischfressenden und bei den Fischen jene ohne Flossen, die nicht gegessen werden durften. Manch einer wird hier fragen, was für eine Bewandtnis es mit diesem 11. Kapitel des 3. Mose auf sich hat. Sollen wir Gläubigen diese Dinge noch einhalten?

Diese Frage führt uns unwillkürlich zur Apg. 10. Petrus betet auf dem Dach eines Hauses, als er in Verzückung geriet und den Himmel offen sah. Er nahm ein Gefäß wahr, das sich herabsenkte und das «wie ein großes, leinenes Tuch, das an vier Enden gebunden auf die Erde niedergelassen wurde war; darin waren allerlei vierfüßige und wilde und kriechende Tiere der Erde und Vögel des Himmels.» (Apg. 10,11-12) Genau das waren die ungenießbaren Tiere, die in 3. Mose 11 erwähnt wurden. Gott sagte Petrus, daß er aufstehen, schlachten und essen solle. Als gehorsamer Jude antwortete dieser, daß er noch nie Unreines und Gemeines gegessen habe. Doch die Stimme Gottes ertönte zum zweiten Male: Was Gott gereinigt hat, das halte du nicht für gemein.» Das geschah drei Mal.

Eine Frage der Erwählung

Nun sehen wir auch, daß uns 3. Mose 11 hilft, das 10. Kapitel in der Apostelgeschichte zu verstehen. War es wirklich wichtig für Gott, ob die Fische nun gegessen wurden oder nicht? Ist es denkbar, daß er an ein Speiseverbot für Fische gedacht hatte, als er Noah die Fische als Nahrung gab? Zu seiner Zeit diente die ganze Tierwelt dem Menschen als Nahrung, und es wurde kein Unterschied zwischen rein und unrein getroffen. Aus welchem Grund taucht diese Sache dann in 3. Mose 11 auf? Es geschah deshalb, weil Gott zu der Zeit Noahs noch kein Volk erwählt hatte! Zur Zeit des Levitikus (3. Buch Mose) jedoch, erwählte Gott das Volk Israel, indem er sie aus Ägypten herausführte. Von da an gab es die Unterscheidung von Gottes Volk und Ungläubigen. Die Frage nach der Reinheit war nun von Bedeutung. Seit diesem Zeitpunkt gibt es Juden und Heiden und den Unterschied zwischen genießbaren und verbotenen Speisen. Am Speiseverbot zeigte sich damals, wer gewillt war, Gottes Anordnungen zu befolgen und wer nicht. Außerdem konnte Gottes Willen konkret erfahren werden, und die Speise hatte eine repräsentative Bedeutung! Es ging weniger um die Nahrung als um das damit verbundene göttliche Prinzip. Was genießbar war, entsprach Gottes Willen, und das Ungenießbare und Unreine verkörperte was Gott ablehnte.

Erlösung für die Heiden

Nach dem Ausgießen des Heiligen Geistes an Pfingsten sagte Gott durch die Stimme zu Petrus: «Steh auf, schlachte und iß.» Von da an galt die Gnade Gottes auch den «unreinen» Heiden. Heute können alle Menschen zu Gott kommen. Was Gott im Alten Testament noch als unrein bezeichnet hatte, für das hebt er im Neuen Testament sein Verbot auf. Gottes Nein in 3. Mose 11 hat seine Gültigkeit verloren. Es sind nicht mehr nur die Israeliten, die zum Volk Gottes gehören, sondern beide, Heiden und Juden zählen dazu. Nach Epheser 3,6 sind die Heiden «Miterben und Miteinverleibte und Mitgenossen seiner Verheißung in Christus Jesus durch das Evangelium». (Vers 6) Gott sprach zu Petrus dreimal: «Was Gott gereinigt hat, das halte du nicht für gemein.» Diese Worte erklären die Verzückung, denn als sie vorüber war, klopften die Leute aus dem Haus des Cornelius an die Tür. Als Petrus hinunter ging, um nachzusehen und diesen Heiden gegenüberstand, begriff er, daß das was er auf dem Dach gesehen hatte, Heil auch für die Heiden bedeutete. Ohne zu Zögern nahm er darauf einige Brüder mit zu dem Haus eines anderen Heiden. Später bezeugte er dann, daß Gott den Heiden genauso die Erlösung schenkt wie den Juden.

Das jüdische und christliche Zeugnis

Unser Zeugnis unterscheidet sich von dem der Juden, da diese ja immer noch zu Gottes auserwähltem Volk zählen. Wir hingegen gehören durch Christus zum weltweiten Volk Gottes. Indem wir gewisse Speisen ablehnten, würden wir so handeln, als gehörten die Juden allein zu der Schar der Gläubigen und wir nicht. Aber für uns heute heißt es: «Stehe auf, schlachte und iß.» Es gibt nicht mehr reine und unreine Speisen, denn was Gott gereinigt hat, das sollen wir nicht für unrein halten. So darf der Gläubige symbolisch ausdrücken, daß sowohl Heiden als auch Juden zum Volk Gottes gehören, indem er reine und unreine Speisen ißt. 3. M. 11 gilt also für uns heute nicht mehr, denn wir gehen davon aus, daß wir Heiden «Miterben und Mitgenossen» sind.

4. Götzenopfer

Der erste Brief des Paulus an die Korinther behandelt viele Fragen hinsichtlich des Götzenopfers. Im 8. Kapitel wird uns gesagt, daß «kein Götze in der Welt ist und dass es keinen Gott gibt außer dem Einen». (Vers 4) Wer die Erkenntnis hat wird wissen, daß es mit dem Essen von Götzenopferfleisch nichts auf sich hat, weil es ja auch mit den Götzen nichts auf sich hat. Es möge ein dämonischer Geist hinter all diesen Dingen stehen, aber Gott ist größer als alle satanischen Mächte. Er, der in uns wohnt, ist viel mächtiger als der, der in der Welt ist.
Viele Menschen, die zum Glauben gekommen waren, opferten damals den Götzen, ohne sich wirklich darüber im klaren zu sein,

daß sie damit mit dämonischen Mächten in Verbindung traten. Wenn diese nun andere Christen sahen, die Götzenopferfleisch aßen, schlossen sie daraus, daß ihre Verhaltensweise richtig sei. Sie taten dasselbe wie ihre Geschwister im Herrn, aber sie hatten ein anderes Verständnis und nicht die nötige Erkenntnis. Wer die Hintergründe nicht kannte und nicht Bescheid wußte, daß das Fleisch genießbar war, weil der Götze nichtig war, aß das Fleisch infolge seiner Gewöhnung an den Götzen. So wurde durch die Erkenntnis des starken der schwache Bruder verdorben. Darum sagt Paulus, sollen wir lieber in Ewigkeit kein Fleisch essen, als unserem Bruder ein Anstoß zu sein. In Bezug auf die Vegetarier sagt Paulus, daß sie zu den Schwachen zählen, weil sie nur Gemüse essen. Wenn es ums Götzenopferfleisch geht, ist es jedoch besser, kein Fleisch zu essen, als das Gewissen des anderen zu belasten. Wohlgemerkt, es ist nicht die Angst, das Fleisch könne verunreinigt oder von dämonischen Mächten befallen sein, die uns davon abhält. Satan hat keine Macht mehr über uns.

5. Einige persönliche Beobachtungen
Zum Schluß möchte ich noch meine persönliche Meinung anschließen.

Essen um sich zu ernähren
Die eigentliche Bedeutung des Essens liegt ja in seiner Funktion, dem Körper die nötigen Nahrungsmittel zuzuführen. Das sollte auch in der Wahl unserer Speisen eine primäre Rolle spielen. Mache niemals deinen Bauch zu deinem Gott und beschäftige dich nicht so viel mit den Gaumenfreuden. Das Essen dient uns Christen zur Erhaltung unserer Gesundheit und zur Stärkung unserer Körperkraft.

Was wir bedürfen
Als gläubige Menschen sollten wir uns immer vor Augen halten: «Wenn wir aber Nahrung und Kleidung haben, soll uns das genügen.» (1. Tim. 6,8). «Sehet die Vögel des Himmels an! Sie sähen nicht und ernten nicht, sie sammeln nicht in die Scheunen und euer himmlischer Vater ernährt sie doch.» (Matth. 6,26). «Betrachtet die Lilien des Feldes, wie sie wachsen. Sie arbeiten nicht und spinnen nicht; ich sage euch aber, daß auch Salamo in aller seiner Herrlichkeit nicht gekleidet gewesen ist wie deren eine.» (Matth. 6,28). Der Vers 26 handelt vom Essen, während Vers 28 von der Kleidung spricht. Alles ist in Gottes Hand. «Trachtet zu-

erst nach dem Reich Gottes und nach seiner Gerechtigkeit, so wird euch solches alles hinzugelegt werden.» (Matth. 6,33). Ich habe das Wort «hinzugelegt» besonders gern. Was ist damit gemeint? Wenn ich die Frage stelle, was null mal drei ergibt, wird man mir entgegnen, daß keine Zahl mit null multipliziert werden kann. Es ergibt nichts! Was aber kann dann hinzugelegt werden? Es muß auf jeden Fall etwas vorhanden sein, wenn man etwas dazutun will. Zwei mal drei ergibt beispielsweise eine neue Summe. Trachte zuerst nach dem Reiche Gottes und nach seiner Gerechtigkeit, so wird dir genau das zuteil werden. Gott wird dir Nahrung und Kleidung zukommen lassen. Es ist nur wichtig, daß wir nach dem Reiche Gottes und seiner Gerechtigkeit trachten. Mögen alle Gläubigen gerade auch in ihrer Kleidung und bezüglich des Essens dieser Welt ein Zeugnis sein.

Enthaltsamkeit

Der Ursprung der Askese

Bevor ein Mensch zum Glauben kommt, lebt er gewöhnlich auch nach bestimmten Idealen und Wertvorstellungen. Obwohl er in Sünde gefallen ist, hat er eine Norm, an der er sein Leben mißt und die ihm «heilig» ist. Könnte er diese Norm tatsächlich einhalten, wäre sein Leben «heilig». Ist es nicht eine eigenartige Tatsache, daß Menschen Sklaven ihrer eigenen Triebe sein können, ein Leben der Sünde leben und trotzdem ihre Ideale von einem heiligen Leben noch beibehalten? Sie glauben immer noch, eines Tages dieses Stadium erreichen zu können.

1. Noch vom alten Leben

Nachdem wir gerettet worden sind, glauben wir oft, wir könnten dieses Prinzip nun auf unseren Glauben und auf die Gemeinde übertragen. Wir gehen davon aus, daß die Ideale, die wir früher nicht erreichen konnten, nun durch unseren Glauben verwirklicht werden können, da wir uns jetzt ja Christen nennen. Wir meinen, daß unser früheres Leben dadurch gekennzeichnet war, daß wir vergeblich gegen unser Fleisch kämpften. Mit unserem Glauben meinen wir nun, ganz neue Möglichkeiten zu haben, die alten Ziele zu erreichen. Dieses Denken ist jedoch vom Ansatz her schon falsch. Wir vergessen nämlich, daß wir die Maßstäbe des «alten Menschen» auf unser neues Leben aus Gott übertragen wollen. Für viele Christen ist das eigene Gutdünken auch der Maßstab für ihren Glauben, und oft ist dann gar kein Unterschied zu Ungläubigen mehr zu erkennen. Sie haben ganz einfach ihre frühere Lebensphilosophie auf das Leben in der Gemeinde übertragen. Es ist deshalb nötig, hier ein klärendes Wort zu sagen.

2. Voller Lüste, jedoch danach trachtend, frei zu werden

Wie sieht nun das ideale Leben aus? Oft ist es so, daß von Voraussetzungen ausgegangen wird, die der Mensch gar nicht erfüllen kann. Während er von der Sünde und von der Lust gebunden ist und böse Wünsche ihn bestimmen, wünscht er sich sehnlichst einen anderen Zustand herbei. Aber es fehlt ihm an Kraft. Obwohl er materielle Dinge liebt, bewundert er doch im Stillen die, die nicht so darauf angewiesen sind. Je mehr er an eine Sache gebunden ist, desto mehr Bewunderung bringt er für Menschen auf, die frei davon sind. Je größer die Lust und das Verlangen, desto größer der Wunsch, nicht von diesen Begierden bestimmt zu werden. Aufgrund dieser Tatsachen schränkt sich der Mensch selbst ein und stellt eine bestimmte Norm auf, die seine Triebe «regulieren» sollen. Wir müssen dabei bedenken, daß diese Prinzipien nicht aufgestellt werden, um dann auch eingehalten zu werden. Nein — der Mensch braucht sie, um mit guten Vorsätzen leben zu können. Solange er ein Ziel vor Augen hat und einen Idealzustand anstrebt, kann er von seinem augenblicklichen Zustand besser ablenken. Er redet sich dann ein, es geschafft zu haben, sobald er sein Ziel erreicht hat. Viele Ungläubige leben nach ihrem Fleisch und sehnen sich danach, nicht das tun zu müssen, was sie nicht lassen können. Enthaltsamkeit ist zwar ihr Ideal, aber nicht ihr Lebensvollzug.

Askese ist nicht Bestandteil des christlichen Glaubens

Manche bringen unbewußt eine strenge Lebensweise zur Verwirklichung sittlicher und religiöser Ideale mit in ihr Leben als Christ und auch mit in die Gemeinde. Als Ungläubige haben sie vielleicht, ohne es selbst praktiziert zu haben, die Asketen bewundert, und waren doch wahrscheinlich zur selben Zeit Materialisten. Wenn nun dieser Mensch seine alten Ideale in seinen Glauben mit aufnehmen will, läuft er Gefahr, die Askese als Verwirklichung seines Christseins anzusehen.

1. Materielle Dinge verachten und Leidenschaften unterdrücken

Was ist nun eigentlich mit Askese gemeint? Für viele ist es ganz einfach das Verbot, Dinge zu besitzen. Je weniger sie ihr eigen nennen, desto mehr glauben sie an sich selbst. Dahinter steckt die Angst, von äußeren Dingen abhängig zu werden. Einem Asketen wird bewußt, daß der Mensch von allerlei Begierden umhergetrieben und von seinen Trieben bestimmt wird. Angefangen von der sinnlichen Begierde bis zu der Essensgier ist jeder, der nicht aus Gott geboren ist, damit behaftet und davon gefangen. Will nun einer ein sittsames und heiliges Leben führen, muß er totale Enthaltsamkeit üben und seine Gefühle, Triebe und Leidenschaften unterdrücken.

2. Von der Christenheit nicht befürwortet

Wir müssen klar sehen, dass der christliche Glaube ein asketischen

Leben weder verficht noch befürwortet. Wie oberflächlich wäre der Glaube, wenn er dies tun würde. Ich hoffe, daß wir durch vermehrtes Bibelstudium erkennen, was mit Enthaltsamkeit tatsächlich gemeint ist. Daß es nicht das bewußte Unterdrücken und Verdrängen von Dingen ist, sollte uns klar sein. Das wäre weder wahrer christlicher Glaube, noch das ideale Leben eines Christen. Vielmehr ist es eine Tatsache, daß die Bibel nie die Askese gutheißt.

Der Philosphie dieser Welt abgestorben

«Wenn ihr mit Christus den Grundsätzen der Welt abgestorben seid, was lasset ihr euch Satzungen auferlegen, als lebtet ihr noch in der Welt? Z. B.: Rühre das nicht an, koste jenes nicht, befasse dich nicht mit dem! Was alles durch den Gebrauch der Vernichtung anheim fällt. Es sind nur Gebote und Lehren von Menschen, sie haben freilich einen Schein von Weisheit in selbstgewähltem Gottesdienst und Leibeskasteiung, sind jedoch wertlos und dienen zur Befriedigung des Fleisches.» (Kol. 2,20-23). Die «Grundsätze» in V. 20 sollten mit Philosophie übersetzt werden.

1. Mit Christus gekreuzigt
Indem Paulus den Kolossern schreibt «wenn ihr mit Christus gestorben seid», spricht er eine fundamentale Tatsache unseres Glaubens an. Wir als Christen sind bereits mit Christus gestorben. Das zeigt uns das ganze Neue Testament. Römer 6 weist darauf hin, daß wir wissen, daß «unser alter Mensch mitgekreuzigt worden ist». (V. 6) Gal. 2,20 sagt entsprechend: «Ich bin mit Christus gekreuzigt.» Im selben Brief wird es später bestätigt mit den Worten: «Welche aber Christus angehören, die haben das Fleisch gekreuzigt samt den Leidenschaften und Begierden.» (Gal. 5,24).
Die Bibel lehrt also, daß wir mit Christus gekreuzigt sind und daß das Kreuz auf Golgatha das Kreuz eines jeden Gläubigen ist. Der Ausgangspunkt unseres Glaubens ist das Kreuz — nicht nur das Kreuz Christi — sondern auch das «eigene Kreuz». Indem wir den Kreuzestod Christi für uns beanspruchen, sagen wir auch ja zu unserem Tod. Wer dieses Kreuz verleugnet, ist nicht wirklich Christ, denn wer tatsächlich zum Glauben gekommen ist, lebt von der Tatsache des Kreuzes her.

Für Paulus bestand in diesem Punkt überhaupt kein Zweifel. Was immer er lehrte, gründete sich auf diese Tatsache. Er gab zu verstehen, daß es Folgen haben würde, mit Christus gekreuzigt zu sein. Das alles war so sicher für ihn, wie wenn Bruder Ting jetzt hier sitzen würde und wir ihn fragen könnten: «Ist dein Name Ting? Ist diese Tatsache unanfechtbar? Wenn es stimmt, will ich mit dir aufgrund dieser unangreifbaren Voraussetzung Umgang haben.» Anders ausgedrückt ist jeglicher Schluß zu dem Paulus kommt, vom Kreuz her zu interpretieren.

2. Nicht die Philosophie dieser Welt

«Was lasset ihr euch nun Satzungen auferlegen, als lebtet ihr noch in der Welt?» Wenn dieses Gestorbensein eine Tatsache bei dir ist, kannst du nicht mehr wie die Menschen dieser Welt leben. Die Ausgangsposition für einen Christen ist der Tod. Ist es nicht der Tod, der uns als Gläubige veranlaßt uns taufen zu lassen? Der Mensch muß tot sein, bevor er begraben werden kann — sonst würde er ja lebendig unter die Erde kommen. Ein Christ wird getauft (bzw. begraben), weil er mit Christus gestorben ist. Jesus hat den, der an ihn glaubt, schon in seinen Tod mit eingeschlossen. Jetzt muß durch die Taufe dem Gläubigen auch wirklich klar gemacht werden, daß er tot ist. Wenn ein Mensch nun geglaubt hat und sich taufen ließ; wenn er «gestorben und begraben» worden ist, wie kann er dann noch in der Welt leben?

Paulus zeigt uns, daß Menschen, die aus eigener Anstrengung ihre sittlichen Ziele erreichen wollen, noch in der Welt leben. Darum sagt er: «Was lasset ihr euch Satzungen auferlegen, als lebtet ihr noch in der Welt?» z.B.: «Rühre das nicht an, koste jenes nicht, befasse dich nicht mit dem!» (Kol. 2,21) Zu der Zeit als Paulus diesen Brief schrieb, war die Askese an der Tagesordnung in Kolossää und viele pflegten diesen Brauch. Um die Lust und die Begierde nicht zu wecken, verboten sie alle Dinge, die die menschlichen Triebe weckten. Alle möglichen Verbote stellten sie auf: Gegenstände durften nicht berührt werden, andere Dinge nicht gegessen und wieder andere nicht mit angehört werden. Damit sollte es ermöglicht werden, seine Triebe besser unter Kontrolle zu bekommen. Paulus tritt dieser Denkweise entgegen und sagt, daß man als Christ an einem ganz anderen Ende anfangen muß. Das Gemeimnis liegt in dem «mit Christus gekreuzigt sein» verborgen. Kann der, der der Sünde abgestorben ist, noch Verbote brauchen? Kann einer, der mit Christus gestorben ist noch so viele Gebote brauchen? Nur eine Person, die lebt, kann sich selbst solche Einschänkungen auferlegen. Askese hat nur für Lebendige eine Bedeutung. Wer nur immer flieht und davonrennt und nur überleben kann, wenn er sich von allem fernhält, steht nicht auf christlichem Boden. Nur wer gestorben ist, kann richtig leben und nur wer in seinen Tod mit hineingenommen wird, kann mit seinem Fleisch fertig werden. Wir dürfen hier keinen Denkfehler machen.

Obwohl diese Glaubenswahrheit schon viel gepredigt wurde, gibt es immer noch viele, die nicht verstehen, was es heißt, mit Christus gekreuzigt zu sein. Das kommt daher, daß es sich hier nicht um eine Lehre, sondern einfach um eine Tatsache handelt, die begriffen werden muß. Wir stehen hier vor vollendeter Tat und manche wollen immer noch mit Christus sterben und auferstehen. Das Mithineingenommensein in seinen Tod ist die Voraussetzung für unser geistliches Leben. Wer versucht, das zu tun, was schon längst getan ist, zeigt nur damit, daß es ihm an Erleuchtung fehlt. Wer das Geheimnis des Sterbens kapiert, wird Gott darüber preisen. Genauso wie beim stellvertretenden Tode Jesu am Kreuz wird unser Herz frohlocken und voller Dank sein.

Bildhaft können wir uns diese Glaubenswahrheit auch noch so vorstellen. Wenn ein Dieb begraben wird, kannst du ans Grab hinstehen und mit Überzeugung sagen: «Dieser Dieb wird nie mehr stehlen.» Als Toter wird er nicht mehr von diesem Laster verfolgt. Er ist davon «befreit». Genauso sind auch wir Christen jetzt gewissen Dingen abgestorben. Eine geschwätzige Person ist nach ihrem «geistlichen Tod» von ihrer Schwatzsucht befreit. Für einen Christen ist die Askese deshalb kein Weg, denn das Hineingenommensein in den Tod Christi hat eine andere Lösung geschaffen.

4. Nicht die Lehren und Anordnungen von Menschen

«Es sind nur Gebote und Lehren von Menschen.» Alle Grundsätze und alle Satzungen, die auferlegt werden, kommen von Menschen und sind von ihnen ausgedacht worden. Diese Lehren aber stehen in keinem Zusammenhang zu Christus und seiner Gemeinde. Es kann ja sein, daß uns Menschen sagen, daß wir dieses und jenes nicht tun dürfen. Wir müssen uns dann eben sagen, daß dies Menschenworte sind und für uns somit keine letztgültige Bedeutung haben. Paulus' Folgerung ist von sehr ernsthafter Natur. Daß der Mensch seine Wertvorstellungen und Ideale wieder nur auf menschliche Weisheit aufbaut, läßt ihn zu dem Schluß kommen, daß der Mensch dadurch fernab von Gott steht. Es ist ja überraschend, daß die Welt die Enthaltsamkeit als Tugend ansieht und es geradezu als nobel gilt, nicht wie «gewöhnliche Leute» zu essen und zu trinken. Es wird als erstrebenswert angesehen, von den Dingen frei zu sein, an die andere gebunden sind. Wir müssen aber bedenken, daß die Askese eine Art Naturreligion ist, und nichts mit dem christlichen Glauben gemein hat. Naturreligionen aber basieren auf Menschensatzungen und bringen kein Licht und keine Erlösung. Letztlich führen sie zu dem vergeblichen Versuch der Selbsterlösung. Hier wird deutlich, wie sehr sich der Mensch seiner maßlosen Leidenschaften und seiner grenzenlosen Gier bewußt ist.

5. Erfolgslosigkeit der Askese

Wie beurteilt nun Paulus den Wert der Askese? «Was alles durch den Gebrauch der Vernichtung anheimfällt.» (Kol. 2,21) Der Gedanke der Enthaltsamkeit hört sich gut an und Askese ist eine Art Philosophie, über die es sich sehr gut reden läßt. Bei der Verwirklichung des Gedankens ist es dann allerdings so wie bei dem Auto, das beim Verkäufer sehr gut aussah, auf der Straße aber immer stehenblieb. Oder wie das schöne Kleid im Schaufenster, das beim Anprobieren lauter Fehler aufweist. Wer auf dem Weg des Verzichts und der Enthaltsamkeit mit seinen Trieben fertig werden will, wird feststellen müssen, daß er keinen Erfolg dabei hat.

Je mehr man sich selbst verbietet, desto mehr Leidenschaften und Begierden wird man bei sich entdecken. Auf der Flucht vor sich selbst wird die Ohmacht der Menschen erst richtig bewußt. Ich habe schon Gelegenheit gehabt, die sogenannten Weisen dieser Welt kennenzulernen und ich kann bezeugen, daß man an ihren Äußerungen sehr bald merkt, daß sie nicht Herr über ihre Triebe sind, die sie die ganze Zeit unter Kontrolle bringen möchten. Ihre Flucht gibt Zeugnis von der Empfindlichkeit ihres Gewissens. Auf der Flucht vor sich selbst stürzen sich viele ins Vergnügen und geben sich dem Rausch hin oder sie sondern sich völlig ab, weil die Versuchungen so groß sind. Aber man kann bis ans Ende der Welt gehen, auf hohe Berge steigen und in den tiefsten Urwald vordringen — sich selbst wird man dabei nicht los. Solange man sich nicht selbst besiegt hat, gibt es keinen Ort, wo man zur Ruhe kommen kann. Es gibt keinen Weg, der zur Selbsterlösung führt; wenn die Begierde zu groß wird, wird der Mensch die Kontrolle über sich selbst verlieren. Das, was er abschaffen und loswerden will, verfolgt ihn weiterhin. Ist nicht die Angst in der diese Leute leben der beste Beweis, daß sie nicht frei sind?

6. Ein Schein von Weisheit

«Haben freilich einen Schein von Weisheit in selbstgewähltem Gottesdienst.» (Kol. 2,23) Die Verteidiger und Vertreter der «Selbsterlösung» sind freilich die Weisen dieser Welt. Sie haben den Anschein weise zu sein und können überzeugend reden und viele Menschen nehmen ihnen «ihre Botschaft» ab.

7. Askese ist selbstgewählter Gottesdienst

Paulus nennt die Gebote und Lehren der Menschen eine selbstgewählte Frömmigkeit. Die Gebote, die von Menschen stammen, gehören in den «Gottesdienst der Asketen», aber nicht in den Gottesdienst der Gläubigen. Gott ist Geist und wer ihn anbetet, muß ihn im Geist und in der Wahrheit anbeten. Der natürliche Mensch besitzt nicht den Geist Gottes und da sein eigener Geist ihm keine Kraft und kein Leben vermittelt, ist er sich selbst und seinen Trieben hilflos ausgesetzt. Das ist eine selbstgewählte Frömmigkeit. Ein selbstgewählter Gottesdienst paßt zu einer Religion, die an die Erlösung durch den menschlichen Willen glaubt. Ich will mich beherrschen. Ich will dies und das tun. Überall steht das eigene *ICH* im Vordergrund und immer ist es der eigene Wille, der die Selbstbeherrschung garantieren soll. Das ist nicht der Weg des Glaubens. Wir kommen zu Gott nicht durch Willensanstrengungen, sondern durch seinen Geist. Wir kämpfen nicht selber gegen unser Fleisch an, sondern geben uns Gott hin und lassen Gottes Geist in uns Raum gewinnen. Der Weg des Gläubigen ist göttlich — der Weg des Asketen menschlich.

8. Selbstgemachte Demut und Bescheidenheit

Auch die Demut und Bescheidenheit ist nur ein Versuch des Menschen etwas vorzutäuschen und soll den Schein erwecken, daß einer sich allem enthält. Anerzogene Zurückhaltung ist keine wirkliche Zurückhaltung, weil sie nicht geistgewirkt ist und nicht von Innen heraus kommt.

9. Askese ist Leibeskasteiung

«... sind jedoch wertlos und dienen zur Befriedigung des Fleisches.» (Vers 23) Die Einstellung, die ein Asket sich selbst gegenüber hat, ist gekennzeichnet durch seine Gleichgültigkeit im Bezug auf Essen und Kleidung. Jeglicher Genuß und Lustgewinn wird gemieden, aber letztlich nur, um über seine eigene Enthaltsamkeit, Bescheidenheit und Anspruchslosigkeit «befriedigt» sein zu können. Im Grunde ist alles nur Leibeskasteiung. Der Asket lebt in der Verachtung des Leibes. Diese Haltung hatte ihren Ursprung im antiken Griechenland und breitete sich bis nach Indien und China aus. Natürlich hatten nicht alle Griechen diese Einstellung, aber es gab eine bedeutende Schule, die lehrte, daß der Körper die Wurzel alles Bösen sei. Nach ihrer Lehre ist ein Mensch von der Sünde befreit, wenn er von seinem Körper befreit ist. Dieses Element wurde auch in den Buddhismus mit übernommen. Als Ursprung des Bösen sollte der Körper gepeinigt und kasteit werden, um so eine Verringerung des Bösen zu bewirken. Immer wieder haben Menschen gemeint, man solle dem Körper jeglichen Genuß und jegliche Befriedigung entziehen und ihn dafür leiden lassen. Aber es war immer verkehrt, denn selbst durch Selbstzüchtigung wird die Seele nicht von der Sünde befreit.

10. Wertlosigkeit der Askese

Vom Standpunkt des gläubigen Menschen aus sind all diese Praktiken «wertlos und dienen zur Befriedigung des Fleisches.» (V. 23) Der HErr Jesus hat uns am Kreuz eine weitaus bessere Erlösung erwirkt, indem er unsere Begierden und Leidenschaften mitgekreuzigt hat. Deshalb stehen wir Christen auf der Seite des Kreuzes und nehmen das schon vollendete Werk von Golgatha für unser Leben an. Welch großer Unterschied besteht hier zu den Bemühungen des gottlosen Menschen, der nicht von der Tatsache des Kreuzes Jesu her leben kann. In derselben Weise wie Menschen durch das Blut Jesu Vergebung ihrer Sünden empfangen, werden sie auch von ihren fleischlichen Begierden befreit. Das Vergießen des Blutes und das Kreuz sind beides die Taten unseres HErrn für uns. Unmittelbar nachdem wir die Vergebung durch sein Blut erhalten haben, sollten wir uns taufen lassen. Weil der HErr Jesus auch uns «mitgekreuzigt» hat, müssen wir uns «begraben» lassen. Die Bedeutung der Taufe ist dann, daß der HErr sagt: «Du bist gestorben und mußt begraben werden; du bist gekreuzigt worden und lebst nicht mehr.» Meine Antwort darauf wird sein, daß ich dies nicht bezweifle und mit ihm begraben werden möchte. Die Taufe ist Ausdruck der Bereitschaft, den Tod Jesu am Kreuz für sich in Anspruch zu nehmen. Die Praktiken der Askese sind jedoch eine Leugnung dieser Tatsache «des Sterbenmüssens».

11. Trachte nach dem, was droben ist

«Seid ihr nun mit Christus auferstanden, so suchet nach dem, was droben ist, wo Christus ist, sitzend zur Rechten Gottes. Trachtet nach dem, was droben ist, nicht nach dem, was auf Erden ist; denn ihr seid gestorben, und euer Leben ist verborgen mit Christus in Gott.» (Kol. 3,1-3) Paulus setzt das Kreuz an den Anfang und schließt mit der Auferstehung ab. Als Menschen, die um den Himmel wissen, so meint er, sollten wir nicht so sehr mit den Dingen dieser Welt verbunden sein. Wenn es darum geht, Essens- und Reinheitsgebote aufzustellen, sind wir im Grunde noch sehr irdisch gesinnt. Wir sind als Christen erlöste Leute und sollten deshalb nach dem trachten, was droben ist. Es ist ja tatsächlich so, daß derjenige, der sich um «himmlische Dinge» kümmert, um seine irdischen Angelegenheiten nicht besorgt sein muß. Möge es uns deshalb nicht mehr darum gehen, daß man gewisse Dinge nicht berühren oder essen darf. Möge uns die neue Dimension unseres Glaubens bewußt werden.

Enthaltsamkeit — eine Lehre von Dämonen

Ein anderer Grund, warum wir Christen eine asketische Lebensauffassung nicht befürworten können, ist der heidnische Ursprung, der dieser Sache zugrunde liegt. Weil diese Gedanken sich in die Christenheit einschleichen konnten, müssen wir hier besonders gründlich vorgehen. «Der Geist aber sagt deutlich, daß in späteren Zeiten etliche vom Glauben abfallen und verführerischen Geistern und Lehren der Dämonen anhangen werden...die verbieten zu heiraten und Speisen zu genießen, welche doch Gott geschaffen hat.» (1. Tim. 4,1 + 3) In der Endzeit wird also das Asketentum zur vollen Reife kommen. So sehr diese Generation noch dem Materialismus hingegeben ist, kann schon die nächste den Materialismus ablehenen und die Enthaltsamkeit als Ideal ansehen. Was wird das Charakteristische an dieser endzeitlichen Haltung sein? Das Heiraten und der Genuß von Speisen wird verboten werden. Damit soll die Sexualität und die Lust am Essen unterdrückt werden.

Die Unterscheidung zwischen Bedürfnis und Begierde

Wir Christen müssen den Unterschied zwischen dem natürlichen Verlangen und der menschlichen Gier kennen. Es soll deshalb hier nochmals kurz angesprochen werden.

1. Bedürfnis
Als Gott den Menschen als «essendes Wesen» schuf, gab er ihm auch das natürliche Verlangen nach Nahrung. Hier war die Lust

auf etwas Eßbares weder verwerflich noch sündhaft. Dieses Verlangen hilft dem Menschen sogar, immer rechtzeitig Nahrung aufzunehmen und ihn am Leben zu erhalten. Gott hat Gefallen daran, den Menschen gesund und lebendig zu sehen, und deshalb rüstet er ihn mit einem Hungergefühl und mit dem Verlangen dieses zu stillen aus. In ähnlicher Weise besitzt der Mensch ein sexuelles Verlangen, das ihm hilft, seine Art fortzusetzen. Hier von Sünde zu reden ist verkehrt. Beide Veranlagungen wurden dem Menschen, wie in 1. Mose 2 berichtet wird, von Gott gegeben. Es gibt also ein gottgewolltes Verlangen und eine von Gott geschaffene Lust.

2. Begierde

Was versteht man nun unter der Begierde? Wenn ich Hunger habe und mein Bedürfnis nach Nahrung durch essen stille, kann man nicht von einer Sucht reden. Bin ich hingegen hungrig und stehle die Nahrung, weil ich gerade nichts zu essen habe, dann treibt mich eine schlimme Gier dazu. Ich kann aber auch maßlos Nahrung in mich hineinessen und dadurch meine Gier zu erkennen geben. Wir Christen essen, wenn Nahrung vorhanden ist. Oft muß ich bei mir denken, daß ein gläubiger Mensch es nicht nur unterläßt, sich unrechtmäßig Nahrung zu verschaffen, sondern nicht einmal den Gedanken daran hat. Das wäre gemäß der Haltung von Matthäus 5. Es gibt keine durch die Lust hervorgerufene Tat, wenn nicht vorher der lustvolle Gedanke da war. Wenn ich eine Speise mit den Augen wahrnehme, bekomme ich Lust auf das Essen, und wenn ich dann esse, versetzt mich der gute Geschmack in gute Laune. Das ist der natürliche Weg. Erst wenn mich diese «Lust auf das Essen» zu einer Handlungsweise veranlaßt, die in Gottes Augen unrecht ist, wird sie mir zur Sünde. Im Alten Testament wird uns gesagt: «Du sollst nicht stehlen.» (2.Mose 20,15) Im Neuen Testament wird dieses Gebot nicht nur übernommen, sondern gleichzeitig noch verstärkt, indem schon der Gedanke an das Stehlen als sündhaft gilt. Mit der Sexualität verhält es sich genauso. Während Essen und Trinken für den Fortbestand des Einzelnen wichtig ist, ist die Sexualität es für die ganze Menschheit.

3. Mit ans Kreuz genommen

Wie schon gesagt, ist die Sexualität und das Bedürfnis nach Nahrung von der Schöpfungsabsicht Gottes her nichts verwerfliches. Der Mensch kann jedoch aus beiden Trieben, Objekte seiner Gier machen und nach mehr verlangen als ihm zusteht. Der Herr Jesus hat all diese Dinge mit ans Kreuz genommen und die Lust und Begierde mitgekreuzigt. Folglich muß auch kein Gläubiger mehr in der Tat oder in Gedanken sündigen.

4. Der Vorteil des Lebens aus Gott

Was gerade gesagt wurde, soll nicht heißen, daß ein Christ überhaupt keine Begierde und Leidenschaft mehr kennt; es sollte vielmehr damit klargemacht werden, daß Gott uns einen neuen Geist und ein neues Leben gegeben hat. Durch seinen Geist können wir Gottes Kraft für uns beanspruchen, und durch unser neues Leben können wir Anteil an Gottes Leben haben. Gottes Leben ist ohne Tadel. Es geht dem Christen weniger um den Umgang mit seinen Trieben und Begierden, als vielmehr um die positive Gemeinschaft mit Gott und der daraus resultierenden Kraft. Wenn wir nun das Positive haben, wonach wir uns ausstrecken können, brauchen wir nicht unsere Zeit damit zu verbringen, das Negative zu bekämpfen. Als Gläubige dürfen wir aus dem Vollen schöpfen und von der Fülle Gottes nehmen. Wenn wir aber Gottes Geist in uns Raum gewinnen lassen, werden wir nicht mehr so sehr auf menschliche Gebote, Verhaltensregeln und Verordnungen bedacht sein. Menschen ohne Gott haben diese positive Möglichkeit nicht. Nimmt man ihnen ihre Methoden der Selbsterlösung, haben sie überhaupt nichts mehr. Wenn sie keine Vorsätze mehr fassen und sich selbst keine neuen Verhaltensregeln mehr auferlegen können, ist ihnen alles genommen.

Das Leben des Christen ist beweglich

Die Bibel läßt einen ziemlich breiten Spielraum, wenn es um Dinge wie Nahrung geht. Warum kommt es nicht so sehr darauf an, ob man etwas ißt oder nicht ißt? Weil es sich vom Standpunkt Gottes aus hier um Nebensächlichkeiten handelt. Es sind weniger die Äußerlichkeiten, die die Bibel betont, als vielmehr das von Gott gewirkte und von seinem Geist hervorgebrachte Leben. Aus diesem Grund gibt uns die Bibel auch keine starren Gesetze, sondern läßt einen gewissen Spielraum in unserem Christenleben zu.

Wenn du dich zurückhaltender kleidest und weniger aufwendig ißt, ist das sicherlich gut. Wenn du jedoch sehr reich bist und dir all diese Dinge leisten kannst, ist es auch kein Vergehen, wenn du einen gehobeneren Lebensstandard hast. Ähnlich verhält es sich mit der Frage der Heirat. Man kann es als seinen Weg sehen zu heiraten oder ledig zu bleiben. Wenn ein Mensch das Gefühl hat, daß er mit dem Alleinbleiben nicht fertig werden würde, hat er die Freiheit zu heiraten. Ist jemand nicht am Reichtum Christi teilhaftig, würde er seine Welt «verlieren», wenn man ihm die Erlaubnis zu heiraten nehmen würde. Ein anderer wiederum hat die Gabe von Gott alleine zu bleiben und versteht es gerade in seinem Alleinsein, Gott besser zu dienen. Wie einer mit diesen Dingen fertig wird, hängt davon ab, wieviel Raum er Jesus in seinem Leben gibt. Es ist nicht so sehr die Frage «Heiraten oder nicht», sondern ob Gottes Geist in einem Menschenleben wirkliche Bereitschaft zu allem findet. Gehört das Herz vollkommen Gott, dann werden auch diese äußeren Dinge richtig verlaufen. Ist ein Gläubiger jedoch getrennt von seinem HErrn, werden ihm all diese Dinge über den Kopf wachsen. Nur ein Mensch, der Gott nicht kennt, versucht durch Auferlegung äußerer Zwänge sein Leben zu meistern. Wer seinen Erlöser aber im Herzen hat, weiß um eine andere Lösung.

1. Essen und trinken — Nebensache!

«Wem soll ich aber dieses Geschlecht vergleichen? Es ist Kindern gleich, die am Markte sitzen und ihren Gespielen zurufen und sprechen: Wir haben euch aufgespielt und ihr habt nicht getanzt; wir haben geklagt, und ihr habt nicht geweint! Denn Johannes ist gekommen, der aß nicht und trank nicht; da sagen sie: Er hat einen Dämon! Des Menschen Sohn ist gekommen, der ißt und trinkt; da sagen sie: Siehe, wie ist der Mensch ein Fresser und Weinsäufer, der Zöllner und Sünder Freund!» (Matth. 11,16-19) Hier können wir deutlich sehen, daß auch der HErr Jesus keine äußerlichen Verhaltensregeln für das Leben von Christen gegeben hat. Er sagt hier, daß Johannes der Täufer weder aß noch trank, während er selbst beides tat. Hier gibt es keine feste Regelung. Johannes blieb in der Wüste. Jesus ging auf die Hochzeit in Kana. Beide hier geschilderten Verhaltensweisen können Bestandteil eines christlichen Lebenswandels ein. Wenn die Herrlichkeit Jesu uns wirklich vor Augen steht, wird uns alles Äußerliche nebensächlich werden und unser Trachten wird bestimmt von seinem Geist in uns.

2. Die Zucht des Heiligen Geistes

«Nicht Mangels halber sage ich das; denn ich habe gelernt, mit der Lage zufrieden zu sein, in welcher ich mich befinde. Ich verstehe mich so gut aufs Armsein wie aufs Reichsein; ich bin in allem und für alles geübt, sowohl satt zu sein, als zu hungern, sowohl Überfluß zu haben, als Mangel zu leiden. Ich vermag alles durch den, der mich stark macht.» (Phil. 4,11-13) Wir müssen uns in Erinnerung rufen, daß ein Christ hungrig oder satt sein kann, denn er weiß mit der Armut und mit dem Überfluß umzugehen. Wie Paulus es sagt, kann er auch Mangel leiden. Das bedeutet, daß man für sich die Züchtigung des Heiligen Geistes annimmt und auch mal Hunger leidet, wenn Gott es so will. Möchte Gott, daß ich satt bin, so ist auch das gut für mich. Ich schicke mich ganz in Gottes Willen und halte mich an das Wissen, daß mich der HErr stärken wird. Das ist eine Gewißheit, von der man ausgehen darf. Ich hoffe, daß du es lernst, dein Leben nicht in einer starren, fast gesetzlichen Weise zu gestalten. Beide Extreme sind nicht gut. Weder totale Enthaltsamkeit noch totale Auschweifung sind die richtigen Bestandteile deines Lebens. Ein Christ lebt weder in Abstinenz noch lebt er in Zügellosigkeit. Vielmehr ist er durch seine Gebundenheit an Gott in einzelnen Dingen beweglich und anpassungsfähig. Sein Handeln wird vom Heiligen Geist bestimmt und unterliegt nicht seinem eigenen Gutdünken.

3. Transzendenz — nicht Abstinenz

Die Worte des Apostels Paulus in 1. Kor. 7,29-31 sind hier von besonderer Bedeutung: «Das aber sage ich, ihr Brüder: Die Zeit ist beschränkt! So mögen nun in der noch verbleibenden Frist die, welche Frauen haben, sein, als hätten sie keine, und die da weinen, als weinten sie nicht, und die sich freuen, als freuten sie sich nicht, und die da kaufen, als besäßen sie es nicht, und die diese Welt gebrauchen, als brauchten sie sie gar nicht; denn die Gestalt dieser Welt vergeht.» So sieht wahrhaftig ein wirklich Gläubiger aus. Weil der HErr, der in ihm wohnt so groß ist, kann er sich über Äußerlichkeiten hinwegsetzen. Wenn der Mensch von Umständen und Gegebenheiten bestimmt und gefangen werden kann, ist das ein Zeichen dafür, wie sehr diese Dinge Macht über ihn gewinnen können. Auch die Menschen, die sich in Enthaltsamkeit üben, sind davon nicht frei. Nur wer «von Christus erfüllt» ist, ist wirklich frei von dem Befriedigen-Müssen seiner Lust. Wer eine Frau hat, soll so sein, als hätte er keine, und wer keine hat, soll auch keine suchen. Wer weint, soll so sein, als weinte er nicht, und wer sich freut, soll sich so verhalten, als freue er sich nicht. Der Christ soll mit den Dingen dieser Welt umgehen, als gehörten sie ihm nicht und sich ihnen nie ganz hingeben. Sein Leben ist nicht durch Abstinenz, sondern durch Transzendenz gekennzeichnet.

Den christlichen Standard beibehalten

Gebe nie den Gedanken in dir Raum, daß der christliche Glaube Elemente der Askese beinhaltet. Setze das Niveau des Glaubens nicht herunter, indem du den Schwerpunkt auf Äußerlichkeiten legst. Folgende Begebenheiten sollen dieses falsche Konzept verdeutlichen.

1. Sadhu Sundar Singh

Sadhu Sundar Singh — vielen bekannt — hielt sich ein halbes Jahr lang in Keswick auf. Mir kam zu Ohren, daß die Familie, die ihn beherbergte ziemlich in Verlegenheit war. Obwohl sie ein Bett für ihn gerichtet hatten und das Wetter etwas kühl war, schlief er doch jede Nacht auf dem Fußboden! Er war ein richtiger Inder. Ich hoffe, daß wir Christen überall schlafen können, sei es nun auf dem Boden oder in einem Bett. Doch manche Leute sind innerlich so leer, daß sie fürchten, durch eine andere Schlafgewohnheit an ihrem Glauben Schaden zu nehmen. Hebe diese Äußerlichkeiten nicht so hervor und verwandle das herrliche, geisterfüllte Leben nicht in einen solch traurigen Zustand!

2. Nach der Verlobung predigen

Ein Bruder, der am Wort diente, hatte es in seinem Leben zugelassen, daß äußere Dinge eine gewisse Macht auf ihn ausüben konnten. Als er sich nun mit einer jungen Frau verlobte, wunderte er sich, daß er tags darauf gleich wieder predigen konnte, denn er hatte dies nicht für möglich gehalten. — Hier sehen wir, daß er mit der Kraft des HErrn gar nicht gerechnet hatte. Wir müssen begreifen, um was es geht. Unser HErr ist von den Toten auferstanden und ist gen Himmel gefahren, wo er nun zur Rechten Gottes sitzt. Wenn uns das Licht dieser herrlichen Tatsache aufgeht, werden andere Dinge ihr Licht verlieren. Gemessen an der Größe seines Lebens wird alles andere nebensächlich und unbedeutend.

3. Nach der Heirat die Frau verlassen

Ein älterer Pastor lobte einen anderen Pastor in Shantung aufgrund seiner Konsequenz. Dieser hatte zwei Monate lang seine Frau nicht mehr gesehen und hatte kurz zuvor geheiratet. Gleich nach dem Hochzeitstag ging er auf Reisen, um Evangelisationsvorträge zu halten. Wer sich selbst so etwas auferlegt, gleicht einem Asketen. Im AT wird uns berichtet, daß ein frisch verheirateter Ehemann für ein Jahr nicht in den Krieg ziehen mußte. Die Bibel zeigt uns also, daß hier sogar besondere Rücksicht genommen wird, denn der christliche Glaube zwängt den Menschen in keine starre äußere Form. Das Reich Gottes besteht nicht aus essen und trinken, sondern verkörpert die Macht und Größe des Heiligen Geistes.

4. Sie konnten ihren Dienst nicht tun
Als zwei Schwestern zum ersten Mal in ein Gebiet nördlich des Yangtze Flußes gesandt wurden, trugen sie Mäntel. Die Christen dort waren sehr mißtrauisch und bezweifelten, ob eine Frau mit Mantel wirklich dem HErrn dienen kann. Für sie war ein Kleidungsstück zu einem Maßstab für den Glauben geworden und sie waren der Meinung, daß eine Person mit Mantel nicht predigen könne. Wir wissen, daß unser Glaube auf anderen Dingen beruht. Es ist wirklich schade, daß Leute von solchen Äußerlichkeiten nicht loskommen.

Der christliche Glaube übertrifft alles

Bestünde der christliche Glaube aus äußerlichen Formen, könnte man ihn unter den Dingen dieser Welt einreihen und man hätte eine Tradition oder Sitte mehr in der Vielfalt von Lebensgebilden. Weil aber der Glaube weder von der Kleidung noch vom Essen abhängig ist, unterscheidet er sich von allem, was die Welt zu bieten hat. So kann ein Christ sagen: Mein Glaube verleiht allen Dingen einen Ewigkeitswert. Das kostbare Leben meines HErrn steht für mich bereit. Täglich kann ich vor seinen Thron kommen und seine Herrlichkeit berühren. Das heißt Christsein. Laß es mich so sagen: Wenn Christus in uns groß wird, wird anderes klein. Denk daran, daß ein Christ kein Asket ist, dessen Leben unter der Selbstbeschränkung eng und schwer wird, sondern ein Mensch, der in die Weite geführt wird und durch den großen und mächtigen HErrn an der Größe Gottes teilhat.

Umgang mit dem Geld

Nachdem man alles verkauft hat

In einer früheren Lektion (Band I, «In Hingabe leben», Lekt. 3) haben wir schon davon gesprochen alles zu verkaufen, um Jesus nachzufolgen. Nachdem ein Mensch den Ruf Gottes deutlich vernimmt und alles zurückläßt, wird er naturgemäß wieder in Berührung mit Geld und Besitz kommen. Wie soll er sich dann verhalten? Alles zu verkaufen ist von vornherein nur für den möglich, der es für Gott tut. Wenn man sich einmal aus dem Macht- und Einflußbereich des Reichtums hinausbegeben hat, ist das keine Garantie dafür, daß man nicht wieder hineingerät. Wenn einer nicht wirklich aufpaßt, kann er schnell wieder dahinkommen, sein Geld unabhängig von seinem Glauben und als eigenen Besitz anzusehen. Ein gläubiger Mensch muß es unaufhörlich lernen, seinen Besitz und seine finanziellen Angelegenheiten loszulassen.

Christen gehen mit ihrem Geld ganz anders um als Ungläubige. Die Eigenschaft des Christen ist es, zu geben — die des Nichtchristen, soviel wie möglich zusammenzuraffen! Es soll uns nun darum gehen, herauszufinden, wie ein Christ hier auf dieser Erde leben muß, um nicht ständig Mangel zu leiden. Hat uns Gott nicht gerade das versprochen? Wie die Vögel am Himmel genug zu essen haben und die Lilien auf dem Felde ein schönes Kleid anhaben, so soll es auch den Kindern Gottes an nichts mangeln. Wenn es ihnen an Grundsätzlichem fehlt, stimmt es meistens irgendwo im Glauben nicht. Die Gläubigen, die mit ihrem Haushaltsplan nicht zurecht kommen, haben in der Regel ihre finanziellen Angelegenheiten nicht mit Gott geklärt. Alles verkaufen und Jesus nachfolgen, sollte kein einmaliger Akt im Leben eines Christen sein, sondern seine Grundhaltung vor Gott. Wer Gott hier ausschließt, wird früher oder später auf Schwierigkeiten stoßen. Viele Gläubige haben es nötig, hier dazuzulernen und auch du solltest so leben, daß du an den Reichtümern Gottes Anteil hast.

Die Richtlinien des Christen

Bei der Frage, wie der Christ nun konkret mit seinem Geld umgehen soll, können wir Luk. 6,38 heranziehen. «Gebet, so wird euch gegeben werden; ein gutes, vollgedrücktes, gerütteltes und überfließendes Maß wird man euch in den Schoß geben. Denn mit eben dem Maße, mit welchem ihr messet, wird euch wieder gemessen werden.» Als Gläubige schauen wir in allen Bedürfnissen, die wir haben, auf Gott und leben von seiner Gnade und seinem Erbarmen. Auch die Reichen können sich nicht auf ihren Reichtum verlassen. Während der Kriegszeit darbten auch sie und hungerten und froren wie alle anderen. Paulus erinnert uns daran, unsere Hoffnung nicht auf unseren Reichtum zu setzen und uns nicht der Versuchung vieler «törichter und schädlicher Lüste» hinzugeben. (Vgl. 1. Tim. 6,7-10; 17-19) Nur wer ganz Gott vertraut, soll keinen Mangel leiden. Dazu ist kein bestimmter Betrag auf dem Bankkonto nötig, sondern vielmehr das Wissen, daß Gottes Versorgen an eine Bedingung geknüpft ist.

Wenn es Gott möglich ist, die vielen Vögel am Himmel zu versorgen, wird er sicher auch in der Lage sein, uns das Notwendige zu geben. Wer anders als Gott kann die Vögel am Himmel und die Lilien auf dem Felde versorgen? Er allein hat die Fülle und den Überfluß, um alle reichlich versorgen zu können. Er wird uns nicht in Verhältnissen leben lassen, wo wir nur schwerlich davonkommen. Gott hat auch in Bezug auf unser Geld eine bestimmte Vorstellung und einen Weg bereit, den wir gehen können. Wenn wir seinen Willen mißachten, dürfen wir uns nicht wundern, wenn wir in Armut fallen. Nur in der völligen Hingabe an ihn, können wir von seiner Fülle nehmen. Gott kann uns überreichlich versorgen, wenn wirklich ein Mangel vorliegt. Laß keinen Augenblick den Gedanken in deinem Herzen aufkommen, daß dein HErr arm ist oder unfähig zu helfen. All die Tiere in der Natur gehören ihm — alles ist sein Eigentum. Warum sollten dann gerade seine Kinder zu wenig haben? Wir haben einen reichen HErrn, der überschwenglich geben kann, aber wir müssen unsererseits nach seinen «Richtlinien» leben. Was heißt das nun konkret? — Geben, so wird einem gegeben werden! Ich habe schon manchen Bruder in finanziellen Schwierigkeiten erlebt, die weniger auf sein geringes Einkommen, als vielmehr auf ein geiziges Verhalten zurückzuführen waren. Der Grundgedanke in der Bibel, den uns der HErr nahebringen will, heißt: Gebe reichlich, aber habe dabei nicht deinen eigenen Vorteil im Auge. Wer auf sich selbst schaut, wird arm sein und leer ausgehen, wer aber den anderen im Auge hat und ihn beschenkt, wird reich werden. Wer Armut vermeiden will, soll sich im Geben üben und dabei nicht sparsam sein. Je mehr einer gibt, desto mehr wird Gott ihm geben. Wenn du all das weggibst, was du nicht unmittelbar zur Erhaltung deines eigenen Lebens brauchst, wirst du eines Tages das erhalten, was andere wegzugeben bereit waren.

Wenn du eine offene, freizügige Hand für andere hast, weil du weißt, daß dir nichts fehlen wird, wirst du gespannt sein dürfen auf das, was in der Zukunft auf dich zukommt. Den Maßstab, den du an deinen Nächsten anlegst, wird man auch an dich anlegen. Wie du deine Geschwister behandelst, so wird dich Gott behandeln. Teilst du das, was du hast mit anderen, werden sie auch das Ihrige mit dir teilen. Wem es an irgendetwas mangelt, hat das Geben noch nicht gelernt. «Gebet, so wird euch gegeben werden.» Gott hat sich an diese Zusage gebunden und du wirst von ihm nicht erwarten können, daß er dich beschenkt, wenn du selber nicht bereit bist andere zu beschenken. Viele besitzen den Glauben, Gott um das nötige Geld zu bitten, aber wenige haben das Vertrauen, es auch wieder getrost wegzugeben. Kein Wunder sind so manche Gläubige mittellos, auch mittellos im Glauben. Menschen, die zum Glauben kommen, müssen diesen Zusammenhang begreifen und von Anfang an danach leben. Was du willst, das dir die Leute tun, das tu ihnen. Das ist auch hier das Grundprinzip. Menschen ohne Gott fragen was sie dafür bekommen, wenn sie etwas geben. Kinder Gottes fragen, was sie geben können, wenn sie beschenkt werden. Folglich sind all die Menschen, die Geld an sich raffen nicht dabei, wenn Gott «sein Geld» austeilt. Wir neigen dazu, andere darauf hinzuweisen, daß sie mit ihren Anliegen, Sorgen und Bedürfnissen zu Gott kommen sollen, vergessen aber oft hinzuzufügen, daß Gott nur dem gibt, der selber bereit ist zu geben. Die Worte im Lukasevangelium sind in der Tat treffend. Es heißt dort nämlich: «Mit eben dem Maße.» Wenn Gott gibt, ist er nicht kleinlich. Er ist ein Gott, der reichlich gibt und zwar über das Maß hinaus. Er gibt uns die Zusage, daß er ein «gutes, vollgedrücktes und überfließendes Maß» geben wird.

Hast du schon einmal Reis oder Weizen gekauft? Viele Verkäufer werden es nicht dulden, daß man die abgefüllte Getreidemenge schüttelt, weil man damit die Menge reduzieren kann. Bei Gott verhält es sich nicht so. Er gibt im Überfluß. Wahrlich, unser HErr ist großzügig, aber wir müssen beachten, was er uns sagt: «Mit eben dem Maße, mit welchem ihr messet, wird euch wieder gemessen werden.» Wenn du in deinem Leben das Geben mit einbeziehst, wird Gott auch Menschen dazu bewegen, deinen Mangel zu beseitigen, in dem Maße, wie du bereit warst, Menschen in ihrer Not zu helfen.

Zwei zur Sache gehörende Zeugnisse

1. Die Sache mit Mr. Moule
Handley C.B. Moule in England war der Herausgeber der Zeitschrift «Life and Faith». Es gab viele Dinge, die an seiner Glaubenshaltung lobenswert waren. Eine seiner Stärken war sein Bibelwissen. Er lebte ganz aus dem Glauben, und wenn er in finanziellen Angelegenheiten in seinem Vertrauen geprüft wurde, wußte er den Grund dafür, denn er kannte Lukas 6,38. Jedesmal, wenn er und seine Frau in irgendeine Notlage gerieten, sagte er zu ihr, daß etwas mit ihrem Geben nicht in Ordnung sein müsse. Die Überlegung, daß sie möglicherweise zuviel gegeben haben, kannte er nicht. Einmal ging ihr Lebensmittelvorrat so zurück, daß sie am Schluß fast nichts mehr hatten. Sogar der Hauptbestandteil der englischen Nahrung, das Mehl, war ausgegangen. Nachdem sie ein, zwei Tage gewartet hatten, war immer noch nichts da. Daraufhin knieten er und seine Frau nieder und bekannten Gott ihre Sünden, weil sie erkannten, daß sie viel besaßen und das Haus voller Dinge hatten.

Verstehst du — dieser Mann bat Gott nicht zuerst um sein Mehl, sondern betrachtete seine eigenen Lebensumstände und kam zu dem Schluß, daß Gott nicht geben kann, weil er selbst noch nicht genug gegeben hat. Er bat Gott ihm zu zeigen, was er zuviel hatte. Nachdem die beiden gebetet hatten, standen sie auf und durchsuchten das ganze Haus, vom Speicher bis zum Keller, nach Gegenständen, die sie nicht unbedingt brauchten. Nachdem sie alles durchgeschaut hatten, selbst die Kleider der Kinder, hatten sie immer noch nichts gefunden, was sie hätten entbehren könne. Mr. Moule war nahe daran zu sagen: «HErr, wir haben wirklich nichts zuviel. Wenn wir jetzt weiter hungern, ist es deine Schuld.» Nach einer Weile aber war er wieder soweit, daß er sagen konnte, daß der HErr keinen Fehler macht und daß es nicht an ihm liege. So setzten sie ihre Suche fort, bis sie schließlich im Keller eine Butterschale fanden, die ihnen ein paar Tage zuvor gegeben worden war. Als Mr. Moule die Schale erblickte, war er froh, denn er wußte nun, daß dies der «überflüssige Gegenstand» sein müßte.

Mr. Moule und seine Frau hatten die Lektion des Gebens gelernt und hatten in all den Jahren erfahren: «Gebet, so wird euch auch gegeben werden.» Deshalb schnitten sie die Butter in Stücke und packten sie ein, um sie an irgendeinen Bruder oder eine Schwester zu schicken. Nachdem sie die Butter ganz verteilt hatten, sagte er zu seiner Frau: «Jetzt ist alles in Ordnung.» Dann kniete er nieder und betete: «HErr, ich möchte dich nur an dein Versprechen erinnern: 'Gebet, so wird euch gegeben werden.' Bitte denk daran, daß wir kein Mehl mehr im Hause haben.»

Das alles geschah an einem Samstagabend. Unter denen, die ein Stück Butter erhielten war eine sehr arme Frau, die krank ans Bett gebunden schon jahrelang zuhause lag. Seit einigen Tagen hatte diese Brot ohne Butter gehabt und hatte Gott um Butter gebeten.

Wenig später war dann Mr. Moule mit seinem Stück Butter erschienen. Überschwenglich dankte sie dem HErrn für diese Gebetserhörung. Als sie dann kurz darauf ihre Mahlzeit zu sich nahm, betete sie nochmals: «Obwohl Mr. Moule alles hat und sogar für mich noch übrig hat, möchte ich dich trotzdem bitten, HErr, daß du auch sein Gebet erhörst.» Es war Mr. Moules Art, niemand von seiner finanziellen Lage wissen zu lassen und es gab Leute, die sogar meinten, er wäre wohlhabend, weil er als freizügiger und schenkfreudiger Mensch bekannt war. Hatte er nicht so viel Butter gekauft, daß er noch an seine Umgebung verteilen konnte, sagten sich die Leute. Die kranke, arme Frau aber betete für ihn, und nach zwei, drei Stunden erhielt Mr. Moule zwei Beutel voll Mehl! Die Notlage war überstanden!

Glaubt es mir — wir müssen jedem Wort, das Gott uns sagt, Glauben schenken. Viele haben ja Schwierigkeiten mit Gottes Wort und zweifeln daran, daß die Bibel wirklich Gottes Wort ist. Mr. Moule nahm Gott beim Wort und vertraute auf seine Verheißung.

Wenn es im Christenleben mit dem Geben und Schenken nicht stimmt, wird es mit dem Beschenktwerden auch nicht richtig funktionieren. Wer nur darauf aus ist, möglichst viel zu bekommen, wird seinerseits auch viel geben müssen. Viele versuchen festzuhalten, was sie haben; deshalb läßt Gott auch nicht zu, daß sie mehr als eine «handvoll» besitzen. Wenn du dich anderen gegenüber nicht barmherzig erweist, wird auch Gott seine Segnungen zurückhalten.

2. Meine erste Lektion im Geben

Ich habe in Bezug auf das Geben viel erlebt und könnte manches Zeugnis davon ablegen, aber ich möchte mich auf eine Begebenheit bechränken. Es geschah 1923, während meiner Schulzeit, als ein Schulfreund mich einlud, in seiner Heimatstadt Chiem-Au, das Evangelium weiterzusagen. Dieser Ort lag jedoch fast 180 Meilen von Foochow entfernt und so fragte ich meinen Schulkameraden wieviel eine Fahrkarte kosten würde. Er sagte mir, daß ich siebzig oder achzig Dollar benötigen würde, um mit dem Schiff flußabwärts zu fahren. Ich antwortete, ich würde dafür beten und abwarten, was Gott mit mir vorhätte.

Ich hatte zu diesem Zeitpunkt überhaupt nichts in der Hand und bat Gott um das Geld, in dem Vertrauen, daß er es mir geben würde, wenn er mich wirklich dort haben wollte. Allmählich bekam ich von verschiedenen Seiten Geld. Als es dann soweit war und ich das Geld zählte, war es ein Viertel von dem, was ich benötigte, also rund 20 Dollar und ein paar Dimes. Mein Schulfreund schrieb, daß alles vorbereitet sei und drängte mich zum Aufbruch. So telegraphierte ich ihm zurück, daß ich an dem besagten Freitag losfahren würde. Ein Tag vor meiner Abreise, an einem Donnerstag, wurde ich von dem Bibelwort getroffen: «Gebet, so wird euch gegeben werden.» Dieses Wort bereitete mir nicht geringe Not. — Nicht weil mir das Hergeben schwer gefallen wäre, sondern weil ich wußte, daß ich die Reise unmöglich unternehmen konnte, wenn der HErr mich nicht durch irgendeine Weise mit dem Fahrgeld ausstattete.

Doch die Worte wirkten in mir weiter und schließlich war der Eindruck, die Dollars wegzugeben und die Dimes zu behalten, so stark, daß ich nachgab. Doch wem sollte ich das Geld geben? Dann kam mir der Gedanke, es einem bestimmten Bruder und seiner Familie zu schenken. Nachdem ich mit Beten aufgehört hatte, wagte ich nicht zu sagen: «Ich bin gehorsam», aber ich sagte auch nicht, daß ich diesen Gedanken völlig in den Wind schlagen wolle. So sagte ich ganz einfach: «HErr, hier bin ich.» Dann verließ ich das Haus und betete, daß ich den besagten Bruder auf halber Strecke treffe. Tatsächlich, ich hatte ungefähr den halben Weg hinter mir, kam mir der Bruder entgegen. Mein Mut verließ mich fast, aber ich war bereit. Als ich ihm das Geld gab, sagte ich: «Bruder, der HErr möchte, daß ich dieses Geld in deine Hand lege.» Dann verließ ich ihn. Als ich zwei Schritte von ihm entfernt war, rollten mir die Tränen herunter und ich sagte mir: «Ich habe meinem Freund bereits telegraphiert, daß ich komme, und nun habe ich überhaupt kein Geld mehr. Gibt es jetzt noch irgend eine Möglichkeit?» Auf der anderen Seite hatte ich aber einen Frieden im Herzen. Hatte nicht der HErr versprochen: «Gebet, so wird euch gegeben werden?»

Nun war die Zeit da, wo nur Gott meiner Not begegnen konnte. Aber nichts geschah — weder am Donnerstag noch am Freitag. Ein anderer Bruder brachte mich zu dem Boot, das mich nach Hong san Bridge bringen sollte. Von da aus sollte es dann mit einem kleinen Dampfschiff nach Swaykow weitergehen. Ich hatte ziemliche Angst, denn ich hatte meine Heimatstadt Foochow vorher noch nie verlassen. Da ich noch nie im Landesinnern gewesen bin, werde ich niemand kennen, sagte ich mir. Nachdem mich mein Begleiter verlassen hatte, betete ich auf dem kleinen Boot bis ich schließlich einschlief. Immer wieder hatte ich gebetet: «HErr, ich habe andere beschenkt, nun liegt es an Dir, mich mit dem Nötigsten zu versorgen.» Am selben Tag noch erreichten wir Hong San Bridge und ich stieg auf das Dampfschiff um. Immer wieder ging ich auf dem Schiff auf und ab, in der Hoffnung, Gott würde es so leichter fallen, mich mit jemandem zusammentreffen zu lassen. Aber ich kannte niemand auf dem Schiff. Irgendwoher hatte ich die Gewißheit, daß der HErr mich nicht alleinlassen würde.

Das Dampfschiff sollte nach mehrstündiger Fahrt am frühen Morgen des nächsten Tages in Swaykow einlaufen. Von da aus war dann der letzte Teil der Reise auf einem Privatboot zurückzulegen, und das war weitaus am teuersten. Ich hatte aber nur noch ein paar Dimes und war nun in einer wirklichen Notlage. Sollte ich aufgeben und mit dem wenigen Geld gerade noch die Rückfahrkarte nach Foochow bezahlen? Doch auf einmal sagte ich mir: «Du bist ein Tor. Warum bittest du den HErrn nicht um eine billigere Fahrkarte?» Ich spürte, daß ich hier eine Spur gefunden hatte, der ich folgen mußte. So betete ich: «HErr, ich möchte dich nicht darum bitten, mir das Geld zu besorgen, sondern mich einfach nach Chien-Au zu bringen.» Von da an hatte ich seinen Frieden im Herzen.

Ich stand auf dem Bug des Dampfschiffes, als ein Bootsmann mit der Frage auf mich zukam, ob ich nach Nanping oder Chien-Au wolle. Ich antwortete, daß mein Reiseziel Chien-Au sei. Daraufhin sagte er mir, daß er mich für siebzig Dimes dorthin bringen würde — weniger als ich dabei hatte. Ich wußte sofort, daß Gott dahinterstand und ich ließ mein Gepäck an Bord bringen. Weil die Fahrt gewöhnlich zwischen siebzig und achzig Dollar kostete, konnte ich es mir nicht verkneifen, den Bootsmann zu fragen, warum die Fahrkarte auf einmal so billig ist. Er antwortete mir, daß das Schiff von der Regierung gemietet worden sei, und daß es ihm freigestellt wäre, noch einen Passagier mitzunehmen oder nicht. So war dieser Bootsmann durch mich also zu einem kleinen Nebenverdienst gekommen. Mit dem restlichen Geld hatte ich dann noch etwas Gemüse und Fisch gekauft. So gelangte ich dann schließlich nach Chien-Au.

Die Rückfahrt war nicht weniger problematisch. Ich hatte nur zwei Dimes in meiner Tasche, und weil meine Schule bald wieder weiterging, mußte ich mich beeilen, wieder nach Hause zu kommen. Immer wieder betete ich für diese Sache. Drei Tage vor meiner Rückreise wurde ich dann von einem Missionar zum Essen eingeladen. Er sagte: «Herr Nee, wir haben durch ihren Besuch viel profitiert. Würden sie es mir erlauben, ihnen die Rückreise zu zahlen?» Als ich das hörte, war ich erleichtert und fühlte doch einen inneren Widerstand. Deshalb antwortete ich: «Ich habe bereits jemanden, der für mich sorgt.» Er bat mich um Vergebung, daß er ein solches Angebot gemacht hatte. Als ich jedoch wieder allein auf meinem Zimmer saß, bereute ich es. Wieder einmal hatte ich eine Chance verspielt. Als ich jedoch wieder zu beten begann, empfand ich einen tiefen Frieden. Am Tag meiner Abfahrt hatte ich immer noch nicht mehr als meine zwei Dimes in der Tasche. Mein Gepäck wurde an Bord gebracht und mein Freund begleitete mich noch zur Anlegestelle. Unaufhörlich betete ich:

«HErr, du hast mich hierher gebracht, und es ist dir auch möglich mich zurückzubringen. Du hast die Sorge für mich übernommen und wirst es niemand anders erlauben, die Verantwortung für mich zu übernehmen. Ich bin bereit, meine Fehler einzusehen, aber im Moment sehe ich keine. Ich will dir vertrauen und an deiner Zusage festhalten.» Auf halber Strecke zum Boot erreichte mich ein Brief des Missionars durch seinen Diener. Als ich ihn geöffnet hatte, las ich: «Ich weiß, daß sich jemand für dich verantwortlich weiß, aber Gott hat mir gezeigt, daß ich meinen Teil zu deinem Besuch in Chien-Au beitragen soll. Wirst du es einem älteren Bruder gestatten, dir dies zu geben? Bitte nimm mein kleines Geschenk an.» Als ich dann das Geld in den Händen hielt, dankte ich Gott, daß er mich gerade noch rechtzeitig mit dem erforderlichen Geld versorgt hatte. Ich kann mich noch erinnern, daß ich sogar noch Geld übrig hatte und dieses für den Druck der Zeitschrift «Revival» verwenden konnte.

Als ich wieder zu Hause war, ging ich zu dem Bruder, dem ich das Geld gegeben hatte. Es war nur seine Frau zu Hause. Sobald sie mich erblickte, kam sie auf mich zu und sagte: «Herr Nee, ich möchte mit ihnen reden. Darf ich wissen, warum sie meinem Mann zwanzig Dollar gegeben haben, bevor sie Foochow verließen? Warum haben sie das Geld in die Hand meines Mannes gedrückt und sind dann so schnell verschwunden?» Ich erklärte ihr, daß mir der HErr nach einem Tag des Gebets gezeigt hatte, so zu verfahren. Daraufhin fragte sie mich, ob ich gewußt hätte, daß sie an jenem Abend ihre letzte Mahlzeit zu sich genomme hatten und neben der Nahrung auch kein Öl mehr hatten. Sie erzählte mir, daß sie mit dem erhaltenen Geld in der Lage gewesen wären, Reis und Öl für mehrere Tage zu kaufen. Diese Dinge hätten gereicht, bis der HErr ihnen wiederum, durch einen anderen Menschen, Geld gegeben hätte. «Drei Tage lang hatten wir den HErrn um Hilfe gebetet; dann hatten wir das Geld durch sie erhalten,» sagte sie mir. Ich habe ihr daraufhin meine Geschichte nicht erzählt, aber auf dem Nachhauseweg mußte ich denken, daß diese zwanzig Dollar «wertlos» und nicht am rechten Ort gewesen wären, wenn ich sie in meiner Tasche gelassen und nicht weggegeben hätte. Ich hob mein Haupt gen Himmel und sagte dem HErrn: «Das ist das erste Mal, daß ich Lukas 6 wirklich erfahren habe.»

Ganz neu weihte ich an diesem Tag mein Leben Gott und sagte mir, daß ich von nun an das Geben praktizieren und kein Geld für mich besitzen wolle. Es war immer meine Hoffnung, daß Gott durch meine Freizügigkeit Wunder tun kann und daß durch mein Geben von Geld Gebetserhörungen zustande kommen. Kein Geld will ich für mich behalten und doch will ich dazu sagen, daß ich mich mit dieser Einstellung nicht hervortun will. Vielleicht ist es tatsächlich so, daß ich mehr bekommen und mehr gegeben habe als andere Christen, denn viel Geld ist durch meine Hände gegangen. Ich rede vielleicht wie ein törichter Mensch, aber ich möchte, daß mein Geld unter die Leute kommt und «Frucht bringt» und nicht wertlos und nutzlos bei mir liegen bleibt. Ich möchte nicht mehr darüber sagen und nur das eine bezeugen: Seit 1923 war ich oft total mittellos und ohne jegliches Geld — öfters wahrscheinlich als manch anderer Bruder in China. Ich rede also aus eigener Erfahrung und weiß, was es bedeutet, nur noch einen Pfennig in der Tasche zu haben. Aber jedesmal, wenn es mir an etwas mangelt, erinnere ich mich an die Zusage des HErrn und ich darf bezeugen, daß er zu seinem Wort steht. Oft habe ich erlebt, daß Gott mir reichlich gibt, wenn auch ich großzügig im Geben war.

Manchmal meinen auch bei mir die Leute ich wäre reich. Ja, es stimmt, ich habe Geld, weil ich freizügig im Schenken bin. Wenn alle Gläubigen begreifen würden, daß es auf das Geben ankommt, könnte Gott überall Wunder tun. Solange Christen auf ihrem Geld sitzen bleiben, bleiben sie arm. Wer festhält was ihm gehört und nichts losläßt, zeigt, daß er kein Vertrauen in Gott hat.

Richtlinien

1. Für Gott säen

«Das aber bedenket: Wer kärglich sät, der wird auch kärglich ernten; und wer im Segen sät, der wird auch im Segen ernten.» (2. Kor. 9,6) Auch diese Bibelstelle können wir für unsere Betrachtung heranziehen. Wenn Christen Geld hergeben, werfen sie es nicht zum Fenster hinaus. Nicht wer sein Geld verschwendet, soll viel bekommen, sondern wer es «sät», soll auch «ernten» können. Möchtest du, daß sich dein Geld vermehrt? Wenn ja, dann gehe hin und «säe» es. Brüder und Schwestern, können wir da ernten wollen, wo wir nicht gesät haben? Viele Gebete um materielle Hilfe werden nicht erhört, weil wir hartherzig sind und nehmen wollen, wo wir nicht gegeben haben. Versuch es doch einmal!

«Säe» dein Geld dort, wo Menschen in Not sind, dann darfst du vielleicht später «ernten». Merkst du wie passend dieses Bild des Säens und Erntens ist? Paulus sagt, daß die finanzielle Unterstützung — so wie sie die Korinther für die Gemeinde in Jerusalem praktizierten — nicht hinausgeworfenes Geld ist, sondern mit dem Ausstreuen von Samen verglichen werden kann. Gott wird die Gaben segnen und sie dreißig, sechzig oder hundertfältig vermehren.

Viele verhalten sich wie ein Bauer, der den Samen vor der Aussaat selber aufißt. Wenn dann im nächsten Jahr Erntezeit ist, geht er leer aus. Nehmen wir an, du hast 50 kg Weizen und säest die Hälfte davon. Dann hast du den Ernteertrag und kannst wieder säen und ernten. Laß Gott dein Geld aussäen, damit es eine Ernte gibt.

2. Es Gott bringen

Gottes Wort in Bezug auf die Bedürfnisse des Menschen ist im AT sehr klar: «Bringet den Zehnten ganz in das Kornhaus, auf daß Speise in meinem Hause sei, und prüfet mich dadurch, spricht der HErr der Heerscharen, ob ich euch nicht der Himmel Fenster auftun und euch Segen in überreicher Fülle herabschütten werde.» (Mal. 3,10) Diese Worte, die Gott seinem Volk gab, drücken im Grunde dasselbe aus, was wir bisher gesagt haben. Die Menschen in Israel lebten in tiefer Armut. Hätte man ihnen gesagt, nun konkret nach Mal. 3,10 zu leben, dann hätten sie wahrscheinlich geantwortet, daß ihnen ihre Menge Weizen sowieso nicht reichen würde und sie nicht auch noch den zehnten Teil davon abgeben könnten. So spricht der natürliche Mensch. Gott tadelte sein Volk, denn er kann sagen: «Bei den Menschen ist das unmöglich; aber bei Gott ist alles möglich.» (Matth. 19,26) «Bringet den Zehnten ganz ... und prüfet mich ... ob ich euch nicht des Himmels Fenster auftun und auch Segen die Fülle herabschütten werde.» Ich möchte behaupten, daß die hundert Prozent, die er behält, den Christen nicht aus der Armut herausführen, sondern daß die zehn Prozent, die er Gott gibt, ihm den Überfluß bringen. Als Menschen sind wir geneigt, gerade anders herum zu denken und uns ist die göttliche Weisheit ein Paradox. Wir müssen es als Gläubige begreifen, daß hinter unserem Geben ein «göttliches Geheimnis» steht.

3. Für Gott austeilen

«Einer teilt aus und wird doch reicher, ein anderer spart mehr, als recht ist, und wird nur ärmer.» (Sprüche 11,24) Viele behalten alles für sich und haben doch nichts übrig. Andere wiederum verteilen und werden doch nicht ärmer. Auch das will uns das Wort Gottes sagen.

4. Gott schenken

Es gibt noch eine andere Begebenheit, die uns eine Wahrheit verdeutlichen kann. Als Elia um Regen bat, litt das Land unter einer großen Hugnersnot. Selbst der König und seine Gefolgschaft waren auf der Suche nach Wasser. Wie kostbar dieses war, wird man gut verstehen können und doch befahl Elia Wasser über die Opfergabe zu gießen, als er opferte und um Regen bat. Dreimal mußten sie Wasser auf den Opferaltar gießen bis das Wasser vom Altar herunterlief und den Graben füllte. Und das in einer Zeit, wo das Wasser äußerst knapp war. In Anbetracht der Tatsache, daß noch kein Regen vom Himmel gefallen war, war das eine ungeheure Verschwendung. Was wäre geschehen, wenn Gott keinen Regen geschickt hätte? Trotz all dieser Fragen gebot Elia den Leuten das Wasser auszugießen und betete zu Gott um Feuer, das die Opfergabe verzehren sollte. Gott erhörte sein Gebet und auch das um Wasser, und ließ es in Strömen regnen.

Wenn du also «Wasser vom Himmel» willst, mußt du zuerst hingehen und dein «letztes Wasser» opfern. Hier liegt der Denkfehler bei vielen Christen. Sie beten und beten ohne Erhörung und merken nicht, daß es an ihnen selbst liegt. Gott wartet darauf, die Hungersnot zu beseitigen, aber er wartet auch auf den Menschen, bis dieser seine letzten «Sicherheiten» aus der Hand gibt. Der Mensch will seine «Trümpfe» nie ausspielen und sagt sich: Lieber den Spatz in der Hand als die Taube auf dem Dach. Lieber das wenige Wasser behalten als auf Regen hoffen zu müssen. Wer aber immer nur auf seine eigenen Möglichkeiten schaut, wird Gott nie erleben. Nicht nur das «Vieh auf dem Feld», sondern auch noch das «letzte Wasser», das der Mensch besitzt, muß er Gott «opfern». Solange Christen noch unter dem Machtbereich des Mammons stehen, kann es mit den Gemeinden nicht aufwärts gehen. Wir müssen Christen sein, die in der Hingabe leben und all ihr Hab und Gut Gott auf den Altar legen, damit er darüber verfügen kann.

5. Von Gott versorgt

«Mein Gott aber befriedige alle eure Bedürfnisse nach seinem Reichtum in Herrlichkeit, in Christus Jesus.» (Phil. 4,19) Das ist wahrlich ein herrlicher Vers. Während die Korinther eher geizig waren, zeichneten sich die Philipper durch ihre Großzügigkeit aus. Ab und zu hatte die Gemeinde in Philippi Paulus mit Gaben unterstützt. Seine Reaktion darauf ist sein Hinweis, daß sein Gott auch ihre Bedürfnisse nach seinem Reichtum befriedigen wird.

Kommst du hinter das Geheimnis dieser Verse? Paulus schreibt: «mein Gott». Gemeint ist damit einfach der Gott, der Paulus mit allem Lebensnotwendigen versorgt hatte. Aber waren es nicht die Philipper, die eine freizügige Hand hatten? «Mein Gott aber befriedige...». Gott wird all die versorgen, die auch ihn versorgt hatten. Es war der Gott des Empfängers der Gaben, der die Geber versorgen sollte.

Viele Christen möchten heute Phil. 4,19 in ihrem Leben erfahren. Ist es uns aber auch bewußt, daß Gott hier die Geber und nicht die Bittenden beschenken soll? Nur die Menschen, die nicht habgierig ihren ganzen Besitz zurückhalten, haben Anspruch auf diesen Vers. Nur die, die geben, dürfen sagen: «Oh HErr, befriedige heute all meine Bedürfnisse nach deinem Reichtum.» Gott versorgte nur die Gemeinde in Philippi, weil er hier eine Gebefreudigkeit vorfand.

Wenn nun deine Vorräte zuende gehen, dann halte es wie Elia, der Prophet Gottes. Dann wird dir die «Hand voll Mehl» und die «geringe Menge Öl» drei Jahre und sechs Monate reichen. Wo hat es so etwas schon einmal gegeben? Hältst du es genauso und gibst auch du dein Letztes dem «Propheten Gottes», dann wirst auch du über Jahre hinaus genug zu essen haben. Was für eine Mahlzeit nicht mehr ausreichend war, wurde trotzdem weggegeben, und diente dann doch zur Erhaltung des eigenen Lebens. Auf diesem Prinzip beruht der richtige Umgang des Christen mit seinem Geld.

Das angemessene Verhalten

Sowohl das Alte als auch das Neue Testament vertreten die einheitliche Lehre, daß Gott nicht von uns verlangt, arm und notleidend zu leben. Es kann vielmehr gerade an uns selbst liegen, wenn wir Mangel leiden und in Not geraten sind. Vielleicht haben wir zu sehr an unserem Besitz festgehalten und unser Geld zu sehr im Auge gehabt und haben deshalb nichts mehr. Je mehr wir für uns selber leben, desto mehr werden wir Hunger leiden. Wenn das Verhältnis zu unserem Besitz und Eigentum nicht geklärt ist, dann ist überhaupt alles offen. Was wir so schlecht begreifen wollen, ist dennoch wahr, und ich kann es aus eigener Erfahrung bezeugen: Wer nicht gibt, wird immer ärmer. Mögen wir es lernen unser Geld in Gottes Hand zu geben, damit er es unter die Leute bringen und Wunder tun kann. Die Tiere auf dem Felde sind Gottes Eigentum — alles ist ihm unterstellt. Deshalb können wir auch ruhig alles seiner Obhut anbefehlen. Wer außer ihm kann so viel sein eigen nennen? Wenn wir Geld erhalten, sollen wir nur «leihweise» damit umgehen. Wenn Menschen Not leiden, sollen wir sie kräftig unterstützen, denn alles, was man in die eigene Tasche wirtschaftet, ist ungenutzt und wertlos. Alles Geld in der Gemeinde muß «lebendiges Geld» sein und unter die Leute kommen. Gott muß damit arbeiten können. Er ist der, der uns versorgen will, und wenn er dazu «Vögel aus der Luft» kommen läßt, um den Hungrigen zu speisen.

Wir müssen uns in die Bibel vertiefen, wenn Gott durch sein Wort wirklich zu uns reden können soll. Zuerst müssen wir immer uns selbst hingeben, dann können wir auch die Dinge loslassen, die wir besitzen.

Watchman Nee:
**Forschet
in der Schrift**

CLV-Paperback
190 Seiten, DM 11.80

Der Chinese Nee To-Sheng lebte von 1903-1972. Während seiner Studienzeit fand er 1920 zum lebendigen Glauben an den Herrn Jesus Christus. Als Christ wurde er später unter dem Namen Watchman (»Wächter«) Nee bekannt, der englischen Version seines chinesischen Namens.

Die Bücher von Watchman Nee sind in den letzten Jahrzehnten auch im Westen bekannt und manche geradezu zu christlichen Klassikern geworden, obwohl fast alle aus Aufzeichnungen seiner in chinesischer Sprache gehaltenen Predigten und Vorträge entstanden sind. Dies gilt auch für den vorliegenden Band, der eine Serie von Vorträgen enthält, die der Autor anläßlich einer Schulungskonferenz für Mitarbeiter 1948 in Kuling in der Provinz Foochow gehalten hat.

Das Außergewöhnliche an diesem Buch über gewinnbringendes Bibelstudium ist neben einer ausführlichen und mit vielen praktischen und eindrücklichen Beispielen illustrierten Darstellung der Methodik des Bibelstudiums vor allem die Aufmerksamkeit, die es der Person des Bibellesers widmet. Da letzteres in nahezu allen Veröffentlichungen zum Thema völlig vernachlässigt wird, füllt das vorliegende Buch einen großen Mangel aus und kann dem ernsthaften Leser der Heiligen Schrift eine hervorragende Hilfe zu wirklich reichem und fruchtbringendem Bibelstudium werden.

Bücher von C. H. Spurgeon:

„Hast du mich lieb?"
Christliche Literatur-Verbreitung, gebunden, 288 Seiten, 13,80 DM

Dieser Predigtband enthält 15 Erweckungspredigten Spurgeons über Texte aus dem Neuen Testament. Diese packenden Botschaften sind zunächst nicht an Außenstehende gerichtet, sondern zielen seelsorgerlich auf die Herzen und Gewissen derer, die zum Volk Gottes gehören. Der begnadete Erweckungsprediger ringt darum, daß die Gläubigen zur „ersten Liebe" zurückkehren und bereit werden, im Glaubensgehorsam ein Leben der Hingabe an den Herrn zu leben.

„Wachet und betet"
Christliche Literatur-Verbreitung, gebunden, 240 Seiten, 13,80 DM

Spurgeon, der „Fürst unter den Predigern", hat in späteren Jahren viele Predigten unter dem Eindruck der Müdigkeit, Selbstzufriedenheit und Verweltlichung der Gemeinde gehalten. Dieser Predigtband enthält eine Anzahl Predigten aus dieser Zeit, in welchen Spurgeon sehr ernst und vollmächtig die Themen „Wachsamkeit" und „Gebet" behandelt, um uns Augen und Ohren für die Gefahren des Wohlstandes und der Oberflächlichkeit zu schärfen.

„Gehe in den Weinberg"
Christliche Literatur-Verbreitung, gebunden, 272 Seiten, 13,80 DM

Zeitlebens hat Spurgeon besonders gerne über die Gleichnisse unseres Herrn gepredigt, um anhand dieser Texte die unbegreifliche Liebe Gottes und unsere Verantwortung Gott und unseren Mitmenschen gegenüber deutlich zu machen. Eine Anzahl besonders eindrücklicher Predigten Spurgeons über die Gleichnisse Jesu sind in diesem Predigtband enthalten. Sie möchten uns die Person unseres Herrn Jesus groß machen und appellieren an unser Gewissen, damit wir uns in die Erntearbeit unseres Gottes senden lassen.

„Der gute Kampf des Glaubens"
Christliche Literatur-Verbreitung, gebunden, 240 Seiten, 13,80 DM

Spurgeon dokumentiert mit seinen Auslegungen alttestamentlicher Texte, daß Kämpfen allein nicht genügt, sondern daß es dabei recht zugehen muß, wie die Bibel sagt. Der feurige Prediger entlarvt mit klarer Sprache Sünde als Sünde und nennt Gnade Gnade. Ob er gegen Irrtum und Lauheit oder für die Wahrheit streitet, seine Waffenrüstung ist jeden Herzschlag lang das Wort Gottes. Themen dieses großen Glaubensbuches sind unter anderem „Noahs Arche und die Flut", „Moses Entscheidung", „Familienreform oder Jakobs zweiter Besuch zu Bethel", „Keine Schonung", „Der Mann, dessen Hand erstarrte" und „Gereifter Glaube – dargestellt durch die Opferung Isaaks".

„Heilig dem Herrn"
Christliche Literatur-Verbreitung, Kt., 128 Seiten, 5,80 DM

Der bekannte Erweckungsprediger hat zeitlebens sowohl die Weltförmigkeit und Halbherzigkeit als auch den Formalismus und Ritualismus unter den Christen angeprangert. Das Bewußtsein, daß wir als Christen nur dann glaubwürdige Zeugen in der Welt sein können, wenn wir ein an der Heiligen Schrift orientiertes und Gott geweihtes Leben führen, hat Spurgeon immer wieder veranlaßt, mit allem Ernst und ohne Rücksicht auf seine Person auf Fehlentwicklungen hinzuweisen. Dieses Buch enthält eine Anzahl Predigten, die Spurgeon angesichts dieser Mißstände in der Christenheit gehalten hat und daher besonders aktuell für unsere Zeit sind. Sie rufen auf, ohne Abstriche zu den Anweisungen des Wortes Gottes umzukehren und im Glaubensgehorsam unserem Herrn Jesus zu folgen.

„Wir sahen Seine Herrlichkeit"
Christliche Literatur-Verbreitung, gebunden, 272 Seiten, 13,80 DM

In den vierzig Jahren seines gesegneten Dienstes hat C. H. Spurgeon (1834-1892) mit besonderer Vorliebe immer wieder über die Wunder des Herrn gepredigt. Die vollmächtigen Predigten sind ein Zeugnis dafür, wie Gott diesen Mann benutzen konnte, um Christen wie Nichtchristen Augen und Herzen für die Größe und Herrlichkeit des Sohnes Gottes zu öffnen. Dieser Band enthält eine Auswahl aus den zahlreichen Predigten über die Wunder Jesu: „Der Hauptmann von Kapernaum", „Die beiden Fischzüge", „Die Heilung des Gelähmten", „Der Kranke am Teich Bethesda", „Der Jüngling zu Nain", „Die Stillung des Sturmes", „Die Speisung der Fünftausend", „Bartimäus", „Die Heilung der zehn Aussätzigen", „Die Auferweckung des Lazarus" u. a.